Spiel und Spaß mit meinem Hund

D O R I S B A U M A N N

Spiel und Spaß
mit meinem Hund

Agility ■ Mobility ■ Obedience

104 Farbfotos
32 Zeichnungen

VERLAG
EUGEN
ULMER

Titelfoto: Der Viadukt ist das dekorativste Hindernis beim Agility (Foto: D. Baumann)

Umschlagrückseite: Für einen springfreudigen Hund läßt sich leicht ein Hindernis improvisieren (Foto: D. Baumann)

Seite 3: Von Regen und Kälte lassen sich begeisterte Hundesportler nicht beeindrucken (Foto: D. Baumann)

Die Deutsche Bibliothek - CIP-Einheitsaufnahme

Baumann, Doris:
Spiel und Spaß mit meinem Hund : Agility, Mobility, Obedience / Doris Baumann. - Stuttgart : Ulmer, 1997
  ISBN 3-8001-7377-8

© 1997 Verlag Eugen Ulmer GmbH & Co.
Wollgrasweg 41, 70599 Stuttgart (Hohenheim)
Printed in Germany
Lektorat: Dr. Nadja Kneissler
Layout/DTP: Katrin Kleinschrot
Druck: Gulde-Druck, Tübingen
Bindung: Ernst Riethmüller, Stuttgart

Inhaltsverzeichnis

◼ Vorwort

Nach gründlichen Vorüberlegungen, welches Hundekind zu welchem Halter und dessen Familie paßt – wobei der Zeitaufwand für notwendige Pflege, Bewegungsbedürfnis und Charaktereigenschaften Berücksichtigung fanden – und ebenso sorgfältiger Auswahl eines vertrauenswürdigen Züchters steht dem Einzug des neuen Familienmitgliedes nichts mehr im Wege. Damit ändert sich schlagartig der Ablauf des täglichen Lebens aller Beteiligten, und vor allem der Welpe wird nie mehr in seinem Dasein einen so gravierenden Einschnitt in sein Leben erfahren, wie es der Verlust von Mutter und Geschwistern darstellt. Natürlich wird die gesamte Familie nach Kräften versuchen, dem Welpen das Rudel zu ersetzen, aber das ist nur bedingt möglich.

Heute weiß man, daß für ein intaktes Sozialverhalten des Welpen der Umgang mit Artgenossen eine Grundvoraussetzung ist. Als ebenso wichtig hat sich die rechtzeitige Konfrontation mit den vielfältigen Umweltreizen unserer Zeit erwiesen. Um den Welpen auf all das vorzubereiten, was ihn in seinem Leben erwartet, wurden sogenannte Welpenspieltage ins Leben gerufen, die mittlerweile seitens der frischgebackenen Welpenbesitzer großen Zuspruch erfahren. Unmittelbar nach der Eingewöhnung in das neue Zuhause sollte man deshalb den Welpen in eine geeignete Welpengruppe integrieren. Welpenspielstunden werden von Hundesportvereinen, aber auch in privater Initiative angeboten. Um nun nicht erst nach der Ankunft des neuen Familienmitgliedes nach geeigneten Möglich-keiten der »Prägung« für den Welpen suchen zu müssen, empfiehlt es sich, schon vorher tätig zu werden, d. h. sich umzuhören und zu vergleichen, wobei die Erfahrungen anderer Welpenbesitzer nützlich sein können.

Der Freiraum für Mensch und Tier erfährt eine stetige Einengung, was dazu führt, daß man nach geeigneten anderweitigen Beschäftigungsmöglichkeiten Ausschau hält. Für den bewegungsfreudigen Hund heißt das Zauberwort »Agility« – eine Sportart, die Besitzer und Hund gleichermaßen fordert und Fitness auf sechs Beinen voraussetzt. Nicht ganz so erfolgsbetont geht es bei Mobility, der »kleinen Schwester« von Agility, zu. Die Krönung der Hundeerziehung findet sich jedoch bei Obedience – der Hohen Schule des Gehorsams.
Der Titel des Buches »Spiel und Spaß mit meinem Hund« soll nun nicht assoziieren, es würde ständig mit dem Hund gespielt und das Leben mit ihm sei der reine und beständige Spaß. Vielmehr soll aufgezeigt werden, was der Hund in spielerischer Weise zu lernen imstande ist und daß alles, was wir mit dem Hund unternehmen, sowohl dem Halter als auch und insbesondere dem Hund Spaß bereiten soll. Dinge, die ihm keine Freude machen, sollten wir nicht von ihm verlangen. Nur so ist ein hoffentlich viele Jahre währendes, erfreuliches Miteinander im Hund-Mensch-Team zu erreichen.

Doris Baumann
Bad Urach, Herbst 1997

Eine Entscheidung fürs Leben

Überlegungen vor dem Kauf eines Welpen

Bei dem Angebot von über 300 Hunderassen – von den Mischlingshunden ganz zu schweigen – sollte es eigentlich jedem Hundekäufer möglich sein, den für ihn geeigneten Hund zu finden. Und doch: Da lebt ein großer Herdenschutzhund in einer Etagenwohnung (er war als Welpe besonders niedlich!), und weil es auf Dauer so gar nichts zu beschützen gibt und auch sonst an Betätigungsmöglichkeiten wenig geboten wird, rastet der Hund früher oder später aus. Die Besitzer wundern sich, denn man hat doch alles für das »undankbare« Geschöpf getan: ein wunderbar kuscheliger Platz stand zur Verfügung, dreimal täglich wurde der Hund an der Leine ausgeführt.

Da kommt der Rat, mit dem Hund doch auf den Hundeplatz zu gehen, dem Hundehalter sehr gelegen. Weil der Hund jedoch von klein auf tun und lassen durfte was er mochte, entpuppt er sich auch hier schnell als Problemhund. Unterordnung ist ein Fremdwort für ihn. Kein Wunder, denn Hunde seiner Rasse sind selbständiges Handeln gewohnt,

Mensch und Hund müssen zueinander passen – und das für eine lange Zeit!

wenn sie draußen – allein bei der Herde – ohne Anweisung die richtigen Entscheidungen treffen müssen. Ein guter, einfühlsamer und mit den Rasseeigenheiten vertrauter Ausbilder vermag sicher selbst in diesem Fall noch einiges in den Griff zu bekommen – mit viel Geduld und ohne Brachialgewalt.

Doch wo wird im anderen Fall der arme Hund landen? Nicht umsonst sind die Tierheime gerade mit Hunden solch »unverstandener« Rassen übervoll. Was Unbehagen verursacht ist nicht die Tatsache, daß hier ein Hund in die falschen Hände geriet, sondern daß es einen Züchter gab, der bedenkenlos diesen Hund in Verhältnisse verkaufte, die das Scheitern einer problemlosen Mensch-Hund-Beziehung vorprogrammierten.

Ein anderer Hundeliebhaber holt sich einen mehrere Monate alten Mischlingshund aus dem Tierheim: es war Liebe auf den ersten Blick. Während sich dieser Hund zu Hause in der Familie, in welcher auch Kinder leben, als äußerst liebenswürdig entpuppt, ist er draußen beim täglichen Spaziergang kaum zu halten, wenn sich ihm ein anderer Vierbeiner nähert. In diesem Hund sind Rassen vereint, die einst (und leider verbotenerweise auch heute noch) zum Kampf mit Artgenossen gezüchtet wurden. Als der liebenswerte, doch anderen Hunden gegenüber höchst gefährliche Mix ohne die geringste Vorwarnung einen Schäferhund fast zu Tode beißt, ist keine Ansprechstelle bereit, diesem Hund eine Chance zu geben, denn das Erlernen eines normalen Sozialverhaltens wurde im zartesten Jugendalter versäumt. Alle Resozialisierungsmaßnahmen bergen ein so großes Restrisiko, daß nur ein verantwortbarer Rat erteilt werden kann: Das Tier muß eingeschläfert werden.

■ Welcher Hund paßt zu uns?

Aus den beiden oben angerissenen Beispielen sollte ersichtlich werden, wie eminent wichtig die Entscheidung für den »passenden« Welpen ist, wenn daraus ein für ein ganzes Hundeleben lang erfreuliches Miteinander resultieren soll. Ein Hundekauf sollte niemals aus einer spontanen Entscheidung heraus vor sich gehen, und auch die treuen braunen Augen eines Welpen dürfen nicht zu solchen Handlungen führen!

Gefallen sollte der neue Hausgenosse der Familie natürlich schon, und es wird lange dauern, ehe man sich mit einem Hund anfreundet, der so gar nicht dem

Vor dem Hundekauf muß man sich gründlich informieren. Hat die Familie genug Zeit für einen lauffreudigen großen Hund? Oder ist eine kleine, ruhige Rasse das Richtige? Bitte treffen Sie Ihre Entscheidung erst, wenn Sie alles gut durchdacht haben.

eigenen Schönheitsempfinden entspricht, wobei sich – wie immer im Leben – über Geschmack streiten läßt. Vor allem anderen muß aber die Frage stehen, was man später mit dem Hund unternehmen will. Dann sind für den Agility-Hund andere Maßstäbe zu setzen als für einen reinen Begleit- und Familienhund, dessen Besitzer gar keine sportlichen Ambitionen hegen.

Wer gerne längere Strecken wandert, muß nach einem vierbeinigen Kameraden Ausschau halten, der ebenso gut zu Fuß ist. Doch auch dem reinen Familien- und Begleithund wird in der heutigen Zeit einiges abverlangt. Vor allem in der Stadt muß er sich großer Bevölkerungs- und Verkehrsdichte anpassen; starke Lärmentwicklung und laute Geräusche dürfen ihn nicht aus der Ruhe bringen. Ängstlichkeit, Scheuheit, übersteigertes Mißtrauen allem Fremden gegenüber, Schärfe oder gar Kampftrieb und Jagdleidenschaft sind beim Familienhund unerwünscht. Auch wenn viele Jagdhundrassen heute als reine Familienhunde gehalten werden, wohnt ihnen doch der Jagdtrieb inne, und der Liebhaber einer solchen Rasse hat das gründlich zu bedenken.

Auch der Käufer eines Windhundwelpen muß um den ursprünglichen Verwendungszweck dieser Hunde wissen. Es kann nicht angehen, daß die schnellsten Hunde der Welt als Statusobjekt in einer eleganten Wohnung ihr – sicher vom Besitzer allen Ernstes wohlgemeintes – Dasein fristen, ohne ihren Bewegungsdrang ausleben zu dürfen. Das ist bei Nordischen Hunden nicht anders. Halten kann man jeden Hund – notfalls auch in einer kleinen Wohnung. Unabdingbar ist jedoch die gründliche Kenntnis des ursprünglichen Verwendungszwecks der verschiedenen Hunderassen und die Überlegung, wie man dem Vierbeiner geeignete Lebensbedingungen schaffen kann. Nicht jeder Husky-Besitzer fühlt sich zum Musher hinter dem Hundeschlitten berufen. Aber auch kilometerlange Fahrradtouren mit dem schnellen Nordischen Hund oder das Einspannen vor einem Rollwagen machen dem solcherart beschäftigten Schlittenhund viel Freude und sorgen dafür, daß er nicht verkümmert.

■ *Beim Kauf eines Hundes ist darauf zu achten, für welchen Verwendungszweck die jeweilige Rasse gezüchtet wurde. Windhunde sind außerordentlich bewegungsfreudig und brauchen entsprechend viel Auslauf.*

■ *Der Cocker Spaniel wird zwar auch noch als Jagdhund eingesetzt, aber in erster Linie ist er inzwischen ein angenehmer Familien- und Begleithund.*

■ Drum prüfe, wer sich ewig bindet ...

Der künftige Hundehalter muß auch mit sich selbst ins Gericht gehen und seine Fehler und Charakterschwächen auf dem Prüfstand sichtbar machen. Ein leicht erregbarer Mensch hätte wenig Freude an einem Vertreter einer äußerst lebhaften Rasse. Da wirkt ein sanftmütiger bis phlegmatischer Hund eher beruhigend auf ein gar zu nervöses Herrchen oder Frauchen.

Hunde mit großem Bewegungsbedürfnis erfordern viel Zeitaufwand, dem berufstätige Menschen in der Regel nur ungenügend nachkommen können. Sehr selbständige, nervenstarke Hunde bedürfen einer einfühlsamen Führungshand, damit Rangordnungsprobleme gar nicht erst aufkommen.

■ Wie groß soll der Hund sein?

Der Erwerb eines Hundes mit einem Gardemaß von über 70 cm Widerristhöhe ist sicher nicht sinnvoll, wenn nur eine Einzimmer-Wohnung zur Verfügung steht. Ein großer Hund hat naturgemäß einen größeren Platzbedarf, und er stellt auch sonst andere Anforderungen als ein kleiner Hund. Damit einher gehen auch entsprechend höhere Kosten für die tägliche Nahrung.

Außerdem sind mit dem Halten eines großen Hundes bestimmte körperliche Voraussetzungen des Halters selbst verknüpft. Ältere und in ihrer Körperkraft eingeschränkte Personen sollten sich lieber einer kleineren Rasse zuwenden, wenn sie nicht mehr imstande sind, die erforderliche Autorität dem Hund gegenüber walten zu lassen. Natürlich muß das auch bei einem kleinen Hund gewährleistet sein, aber es ist doch ein gewaltiger Unterschied, ob eine gebrechliche Person einen kleinen Pudel ausführt oder etwa einer riesengroßen Dogge ihr Quantum an Bewegung verschaffen muß. Das Ausführen darf allerdings ohnehin niemals zum Kraftakt werden, denn gehorsam an der Leine gehen muß sowohl der große als auch der kleine Hund.

■ *Herdengebrauchshunde wie der Border Collie brauchen viel Beschäftigung. Im Hundesport kann dieses Bedürfnis befriedigt werden.*

■ *Auch der Teckel wird heute mehr als Haushund und nur noch selten als Jagdhund gehalten.*

■ Die Temperamentfrage

Im allgemeinen sind die Vertreter einer Rassengruppe weitgehend homogen hinsichtlich typischer Wesensmerkmale, und wer sich für einen Welpen interessiert, kann diese Rasseeigenheit durchaus bei seinen Überlegungen mit ins Feld führen. Es sei jedoch erwähnt, daß auch innerhalb einer Rasse Unterschiede einzelner Individuen aufzutreten vermögen, die nicht rassetypisch sind und daher im voraus nicht klar einkalkulierbar. Abstammung, Aufzucht und Umweltbedingungen spielen hier eine nicht zu unterschätzende Rolle. Es gilt abzuklären, ob die ins Auge gefaßte Rasse vom Temperament

Anhaltspunkte zum Temperament
Kleinere Rassen sind in der Regel temperamentvoller als die großen. Alle doggenartigen Rassen gelten als eher bedächtig. Dazu gehören **Bernhardiner, Neufundländer, Hovawart, Leonberger, Deutsche Dogge, Bordeaux-Dogge, Boxer, Englische Bulldogge, Französische Bulldogge** und **Mops**. Die großen Hunde vom **Molossertyp** zeichnen sich durch ein fast phlegmatisches Wesen aus.
Hirtenhunde wie **Kuvasz, Komondor, Bergamasker** oder **Podhalaner** weisen ein lebhafteres Temperament auf. **Berner Sennenhund, Rottweiler, Appenzeller** und **Entlebucher Sennenhund** als Treib- und Sennenhunde sind mit einem mittleren Temperament ausgestattet. Den **Schäferhundrassen** ist ebenfalls ein mittleres Temperament eigen. Die Rassengruppe der **Spitze** beherbergt durchwegs temperamentvolle Rassevertreter. Die **Nordischen Hunde** (Nordische Jagd-, Hüte- und Schlittenhunde) sind im Vergleich zu den Vertretern der **Pinscher-Schnauzer-Gruppe** ausgesprochen ruhig; letztere zeichnen sich durch ihr großes Temperament aus. Typisch für die meisten **Terrierrassen** ist ihr besonderes Temperament, welches sie für Menschen mit Neigung zur Cholerik nicht empfehlenswert macht. **Bracken, Schweißhunde** und

Laufhunde besitzen neben ihrer ausgeprägten Jagdpassion ein ruhiges Temperament.

Von ruhigem Temperament ist auch der **Dalmatiner**, der aber seine Jagdpassion durch züchterische Maßnahmen weitgehend eingebüßt hat. Ein anpassungsfähiges Wesen bei sehr unterschiedlichem Temperament kann den einzelnen Vertretern der **Dackelrasse** bescheinigt werden.

Den **Windhunden** wohnt ein ruhiges Temperament inne (Temperament hat nichts mit Schnelligkeit zu tun!), ausgenommen die beiden sehr lebhaften, kleinen Vertreter **Italienisches Windspiel** und **Whippet**.

Ein ausgeglichenes Temperament kann man den **Vorstehhunden** attestieren, während die **Stöber- und Apportierhundrassen** mit etwas lebhafterem Temperament ausgestattet sind.

Dank seinem fröhlichen Wesen macht sich der lebhafte **Cocker Spaniel** auch als Haushund beliebt. Was fast für alle Rassen Gültigkeit hat, ist auch für die **Pudel** anzusetzen: Je kleiner der Pudel, um so größer sein Temperament.

her überhaupt zu dem Halter, der voraussichtlich bzw. überwiegend mit dem Hund zu tun haben wird, paßt und natürlich auch, ob er für die übrigen Familienmitglieder geeignet erscheint.

Mit welchem Alter wird der Welpe geholt?

Verhaltensforscher halten die Übernahme eines Welpen im Alter von acht Wochen für geeignet. Es erscheint jedoch geboten zu differenzieren, denn für einen Welpen mit idealen Aufzucht- und Haltungsbedingungen bei einem ebensol-

■ *Diesen kleinen Rottweiler möchte man am liebsten gleich mitnehmen! Zwischen acht und 10 Wochen alt sollte das Hundejunge sein, wenn Sie es vom Züchter holen.*

■ *Kinder und Welpen sollten sich frühzeitig aneinander gewöhnen.*

chen Züchter ist der Wechsel mit acht Wochen zum neuen Besitzer nicht zwingend notwendig. Vereinzelt ist es sogar ratsam, die Übergabe hinauszuzögern.

Im Idealfall betreut der Züchter nur einen Wurf. Das Vorhandensein von Hundetanten im Rudel wirkt sich auf die Entwicklung der Welpen vorteilhaft aus. Da Hunde jedoch nicht wie ihre wölfischen Vorfahren nur unter Artgenossen leben, müssen die Welpen rechtzeitig mit all jenen Dingen konfrontiert werden, mit welchen sich später der Familienhund arrangieren muß. Es ist wichtig zu wissen, daß ein zu früh von Mutter und Geschwistern getrennter Welpe der Möglichkeit beraubt wird, eine soziale Bindung mit Artgenossen einzugehen, wenn der neue Besitzer nicht von Anbeginn um neue Hundebekanntschaften für seinen Welpen bemüht ist. Auf der einen Seite wird also ein Hund, der zu lange und nur mit

Hunden zusammengelebt hat, ausgesprochen hundbezogen sein; das bedeutet aber auf der anderen Seite, daß dieses Tier zum Menschen nie eine innige Beziehung aufbauen wird.

Dem Züchter obliegt die verantwortungsvolle Aufgabe, die Welpen ab einem zumutbaren Alter mit späteren Umweltreizen, und kommen sie auch in Gestalt von Kindern auf den jungen Hund zu, vertraut zu machen. Kinderbesuch ist also willkommen.

Die sogenannte familienbezogene Aufzucht der Welpen nutzt dem Käufer wenig, wenn die kleinen Hunde außer einem eigenen Zimmerchen ohne Zutritt in die menschlichen Gemächer und später einem Fleckchen Gras zum Lösen im Vorgarten nichts gehört und gesehen haben. Züchter mit Garten sollten den Welpen ab der vierten Lebenswoche die Möglichkeit geben, eigene Erkundungen anzustellen. Wer diesen glücklichen Umstand nicht nutzen kann, muß die Welpen ins Auto packen und an einer geeigneten Stelle im Grünen die ganze Gesellschaft zur ersten Umwelterforschung herauslassen. Ein mitgenommener Ball fördert bereits die Begeisterung am gemeinsamen Spiel. Ganz nebenbei werden alle zusammen furchtlose Autofahrer, was der Welpenkäufer sehr zu schätzen weiß.

Daß sich ein Züchter mit mehreren, zu gleicher Zeit aufzuziehenden Würfen solchen Mühen nicht unterziehen kann, liegt auf der Hand.

Für den Welpenkäufer gilt es nun herauszufinden, ob und was mit den Welpen bisher an Konfrontation mit Umweltreizen geschehen ist. Halten sich Mutterhündin und Welpen im Garten auf, ist besonderes Augenmerk auf deren Verhalten beim Herannahen des Züchters zu legen: Die Begrüßung sollte stets freudig sein. Fremden Personen gegenüber dürfen sich Welpen weder besonders scheu noch über Gebühr neugierig zeigen. Nur bei genügend sozialer Prägung herrscht eine gewisse Ausgewogenheit vor.

> Bei einem verantwortungsvollen Züchter werden die Welpen mit allen Umwelteinflüssen vertraut gemacht und auf das Leben vorbereitet!

Der an einem Welpen Interessierte darf auch keine Scheu haben, sich nach den persönlichen Gegebenheiten der Züchter zu erkundigen, das heißt ob beispielsweise beide Ehepartner berufstätig sind und auch keine andere Person mit der Aufzucht der Welpen betraut ist. Hier kein weiteres Kaufinteresse zu zeigen, scheint mehr als angebracht, da nach dem vorher Gesagten nicht damit zu rechnen ist, aus dieser Zuchtstätte einen in jeder Hinsicht gut sozialisierten Welpen erwerben zu können.

Mit den Angaben nach dem geeigneten Alter eines zu übernehmenden Welpen sind sicher auch jene nach dem richtigen Züchter beantwortet.

Die ersten Tage im neuen Heim

Die ersten Tage und Wochen unterscheiden sich – auch beim künftigen Sporthund – in keiner Weise von jenen des reinen Familienhundes. Um das spätere Zusammenleben des Mensch-Hund-Rudels so konfliktfrei wie möglich zu gestalten, gilt es für beide Seiten, gewisse Spielregeln einzuhalten. Zu gerne schließt sich der von Mutter und Geschwistern getrennte Welpe seiner Familie an, und obwohl diese Umstellung des jungen Hundes sicher den gravierendsten Einschnitt in seinem Leben darstellt – außer die spätere Trennung von einem geliebten Menschen –, ist diese Zeit bestens für die ersten Erziehungsschritte geeignet.

Gleich nach dem Einzug in das neue Zuhause werden die Weichen für ein harmonisches Miteinander gestellt. Und hier scheiden sich bereits die Geister, wenn es um die Unterbringung des Welpen geht. Während der eine das Hundekörbchen in der Diele plazieren möchte, weil von dort aus das Hundekind alles beobachten kann (hier pulsiert nämlich das Leben – allerdings an dem Hundekörbchen vorbei), plädieren andere dafür, das vierbeinige Familienmitglied möge sich überall aufhalten, wo es ihm beliebt – für den beabsichtigten Familienanschluß sicher eine logische Voraussetzung. Den meisten Hunden gibt ein fester Platz für das Körbchen allerdings das Gefühl, an diesem Ort sicher aufgehoben zu sein.

Viel mehr Probleme aber schafft die erste Nacht! Das Schlafzimmer war früher – so konnte man zumindest in Büchern lesen – absolute Tabuzone für den Hund. Wer das so geregelt haben möchte, darf schon in der ersten Nacht keine Ausnahme machen. Die erste Nacht – aus Mitleid zugestanden – vor dem Bett oder gar am Fußende darinnen, heißt für den kleinen Kerl: »Hier gehöre ich hin«, und keiner wird ihm erklären können, warum das nicht so bleiben darf. Das heißt, der Mensch hat nach der ersten Nacht zumindest in dieser Angelegenheit bereits verspielt! Oder doch nicht? Hatte er diese Möglichkeit vielleicht schon als die zu akzeptierende Endlösung einkalkuliert? Dann muß darüber nicht weiter diskutiert werden.

Überlegen Sie stets genau, was Ihr Hund darf und was nicht. Richtige Hundeerziehung erfordert Konsequenz und viel Geduld!

Welpen sind ständig auf Entdeckungstour. Dieser Mischling hat entdeckt, daß ein Gummistriegel sich toll zum Spielen eignet!

■ *Alte Turnschuhe sind eigentlich kein geeignetes Spielzeug, denn den Unterschied zu Vaters Ausgehschuhen versteht der Welpe nicht. Das kann zu bösen Überraschungen führen.*

Jede Familie, die einen jungen Hund ihr eigen nennt, sollte in Abstimmung miteinander festlegen, wie sie den Hund innerhalb der eigenen vier Wände halten möchte. Vor allem muß man sich die Frage stellen, inwieweit die häuslichen Freiheiten nach draußen übertragbar sind, denn da macht der Hund eben keinen Unterschied zwischen einem Hotelbett und dem Bett zu Hause! Das gleiche Phänomen kennt man ja auch von Kindern, denen zu Hause keine Grenzen aufgezeigt werden und die sich in fremder Umgebung dann häufig höchst ungebührlich benehmen. Hier wie dort ist man mittlerweile von antiautoritärer Erziehung abgekommen. Ohne die Einhal-

tung gewisser Regeln funktioniert das Zusammenleben nun einmal nicht sonderlich gut. Gerade in einer zunehmend hundefeindlichen Zeit, die nicht zuletzt unvernünftige Hundehalter mit zu verantworten haben, ist es wichtig, die Vierbeiner so zu erziehen, daß sie sich in der Öffentlichkeit als angenehme »Mitglieder der Gesellschaft« präsentieren; ein wichtiger Schritt in diese Richtung ist die regelmäßige Teilnahme an Welpenspieltagen.

Was auch immer der junge Hund in den ersten Wochen und Monaten – und natürlich auch später – lernen soll, es muß ihm so vermittelt werden, daß ihm eine verstandesmäßige Umsetzung möglich ist, die immer mit einem Erfolgserlebnis verknüpft sein muß. Das bedeutet, daß der Hund für richtiges Verhalten stets Lob erfährt und Tadel für das Gegenteil. Wenngleich es in zahlreichen Büchern immer wieder erwähnt wird, soll auch an dieser Stelle noch einmal kurz darauf eingegangen werden, daß Tadel und Lob beim Hund nur dann den gewünschten Erfolg zeigen, wenn sie jeweils sofort nach der Tat (oder Untat) erfolgen. Eine Strafe am anderen Morgen für ein Pfützchen während der Nacht hat nicht nur keine Wirkung, sie ist absolut sinnlos, weil der Hund nur unmittelbares, direktes Reagieren des Hundehalters für sein Tun begreifen kann.

Unsinnig ist die immer wieder ins Feld geführte Bemerkung, der Hund wisse genau, wofür er ausgeschimpft werde. Er orientiert sich lediglich am Tonfall – an

> **Wichtig**
> Lob und Tadel vermag der Hund nur dann richtig einzuordnen, wenn sie direkt nach dem entsprechenden Verhalten einsetzen. Geht das Lob in ein ausgelassenes Spielen mit dem jungen Hund über, ist der Erfolg der erzieherischen Maßnahmen sicher.

der energischen Stimme, die ihm signalisiert, daß etwas nicht in Ordnung ist. Nicht einmal die Bedeutung der Worte kennt der junge Hund! Wenn Sie böse Worte liebevoll aussprechen, wird er entzückt wedeln; wenn Sie umgekehrt etwa »Du lieber, kleiner Hund« sehr energisch sagen, reagiert der Welpe völlig zerknirscht!

Jeder energische Ton veranlaßt den normal-sensiblen Hund, sich platt wie eine Flunder vor Herrchen zu legen oder gleich sein Heil in der Flucht bzw. äußersten Zimmerecke zu suchen. Und wenn dann das kleine Kerlchen sofort nach dem verspäteten Ausschelten den teuren Perserteppich mit einer neuen Pfütze versieht, beweist das nur, daß es – wie zu erwarten – den Sinn der späten Rüge nicht begriffen hat, was in seinem kleinen Hundeköpfchen auch gar nicht möglich war.

Noch ein Wort zum Bestrafen. Mit Strafe ist nicht etwa körperliche Züchtigung gemeint. Bei den meisten Welpen genügt schon ein etwas lauteres Wort, was natürlich nur dann wirkt, wenn nicht von Anfang an in einem Ton mit dem jungen Hund umgegangen wurde, der den Anschein erweckt, der Vierbeiner sei schwerhörig. Leise, sanfte Töne sollten in der Hundeerziehung vorherrschen; nur dann hat das energische Wort die beabsichtigte tadelnde bzw. strafende Wirkung.

Bei dem besonders dickfelligen Hund müssen freilich mitunter härtere Maßnahmen aufgefahren werden – beispielsweise ein strafendes Schütteln am Nackenfell –, und für den sogenannten Problemhund gelten ohnehin andere Maßstäbe.

Geeignetes Spielzeug, mit dem sich der junge Hund auch einmal alleine vergnügen kann, und natürlich das gemeinsame Spiel mit der Familie und anderen Hunden lenken den Hund von unerwünschten Zerstörungsaktionen in der Wohnung ab und fördern gleichzeitig sein Selbstbewußtsein.

Welpengruppe und Junghundgruppe

■ Wie alt soll der Welpe sein?

Um die Frage nach dem geeigneten Alter für den Beginn der Welpenspiele zu beantworten, muß auf die verschiedenen Entwicklungsphasen des Welpen eingegangen werden. Das ist auch deshalb wichtig, weil sich mit dem Begriff der Welpenspiele – auch Prägungsspieltage oder Welpenspieltage genannt – wohl zunächst der Charakter rein spielerischen Tuns der Welpen assoziiert, die Ernsthaftigkeit prägender Sozialisierung jedoch im Vordergrund steht.

Nun wurde im einleitenden Kapitel bereits deutlich, daß die sogenannte frühe **Prägung** schon beim Züchter erfolgt – sei sie nun für den Welpen und den künftigen Hundehalter positiv oder negativ. Den Begriff der Prägung hat der Verhaltensforscher Konrad Lorenz eingeführt; er verstand darunter einen irreversiblen Lernvorgang, der nur in einem sensiblen, zeitlich eng begrenzten Lebensabschnitt eines Jungtieres möglich ist. In die Geschichte der Ethologie ging sein Gänseküken Martina ein, das Lorenz nach dem Schlüpfen im wahrsten Sinne

des Wortes in die Augen sah, ihn fortan als »Gänsemutter« betrachtete und sich weigerte, sich einer wirklichen Gänsemutter unterschieben zu lassen.

Aus all dem wird ersichtlich, daß das geeignete Übernahmealter eines Welpen in sein neues Zuhause acht Wochen betragen sollte. Bei einem bewußten Züchter, der seine Welpen gut auf die Umwelt und deren Einflüsse vorbereitet, bestehen keine Bedenken gegen eine spätere Integration in die neue Familie – vorausgesetzt, die Vorarbeit des Züchters wird unverzüglich, das heißt nach ein bis zwei Tagen des Eingewöhnens, fortgesetzt. Nicht wenige Züchter bieten den Welpen bereits auf einem Abenteuerspielplatz Konfrontation mit Dingen des täglichen Lebens, gewöhnen sie an das Autofahren und unternehmen Spaziergänge durch verkehrsfrequentierte Straßen. Vor einer reinen Haus- und Familienaufzucht, in der die Welpen nur wenigen Umweltreizen ausgesetzt werden, wurde bereits an anderer Stelle gewarnt.

■ *Hundekinder wollen nicht alleine sein; sie brauchen den Umgang mit ihren Artgenossen!*

> Da der Hund ein Rudeltier ist, zeigt er eine große Bereitschaft, sich den Menschen anzuschließen. Das erleichtert den Eingewöhnungsprozeß.

Das Beschäftigen von Verhaltensforschern mit dem Begriff der Prägung hat nicht zu einer einhelligen Meinung geführt. Sicher gilt es auch zu berücksichtigen, ob es sich bei den beobachteten Individuen um Nestflüchter handelt – wie bei dem Lorenzschen Gänseküken – oder eben um Nesthocker, zu denen unsere Hunde gehören. Trumler bezeichnet die vierte bis siebte Woche als Prägungsphase, die achte bis 12. Woche als Sozialisierungsphase und die 13. bis 16. Woche als Rangordnungsphase; die Rudelordnungsphase schließlich spielt sich nach Trumler im fünften bis sechsten Monat ab. Fox siedelt die Periode der Sozialisierung bereits von der vierten bis zur 12. Lebenswoche an und läßt den Hund ab der 12. Woche die »Jugendperiode« durchlaufen.

Zimen betrachtet die Zeit zwischen der dritten und der achten Lebenswoche des Welpen als »kritische Phase«. Da der Begriff Prägung nicht exklusiv, das heißt nur auf eine Art beschränkt, gesehen werden kann, möchte Zimen lieber den Begriff Sozialisation statt Prägung angewandt wissen. Er meint damit den »Entwicklungsprozeß, der die Art der Objekte festlegt, mit denen der Wolf oder Hund fortan in soziale Interaktion tritt. Er bestimmt noch nicht, mit welchem Individuum das Tier eine besonders enge soziale Beziehung eingeht«. Dieses Phänomen nennt Zimen »Bindung«.

Die Zeit der Abgabe des Welpen vom Züchter nach acht Wochen, die sowohl nach Fox als auch nach Trumler noch in die Sozialisierungsperiode fällt, scheint von Scott und Fuller mit »klassischer« Periodisierung treffend umschrieben.

Feddersen-Petersen stellt fest, daß sich Junghunde in dieser Zeit »in einer Phase differenzierter Auseinandersetzung mit allen Umweltgegebenheiten« befinden und daß das »gesamte Spektrum des Sozialverhaltens dem Menschen und Artgenossen gegenüber, so beispielsweise auch soziale Flexibilität und Plastizität und das Verhältnis von Verträglichkeit zu Aggressivität entscheidend von spezifischen sozialen Kontakten in gerade dieser Zeit« abhängig sind.

22

Der kleine Welpe wird nun aus seinem gewohnten Rudel gerissen, das ihm spielende Geschwister, Verläßlichkeit und Geborgenheit bot. Da ist es doch nur verständlich, daß er sich nicht sofort mit fliegenden Fahnen dem neuen Mensch-Rudel anschließt. Lange erträgt er jedoch das Getrenntsein von seinem alten Rudel nicht, und hier kommt dem neuen Hundebesitzer die Bereitwilligkeit des Hundes zugute, sich wie kein anderes Tier dem Menschen anzuschließen. Da der Hund jedoch auf Dauer nicht nur mit und unter Menschen leben kann, muß man so rasch wie möglich dafür sorgen, daß der Welpe auch wieder Umgang mit Artgenossen

hat. Der künftige Hundebesitzer tut deshalb gut daran, sich rechtzeitig vor dem Kauf des Welpen nach einer geeigneten Welpenspielgruppe umzusehen, denn zu lange sollte der Welpe nach seinem Einzug in das neue Zuhause nicht in »Einzelhaft« verbleiben.

Nach zwei bis drei Tagen – spätestens nach einer Woche – hat sich der Welpe eingewöhnt, und ab geht es zu fröhlichem Welpenspiel. Welpenspielkurse werden von fast allen Hundesportvereinen angeboten oder auch in privater Initiative abgehalten. Möglicherweise organisiert auch der Züchter der Rasse Welpentreffen; es handelt sich dann in der Regel um Welpen der gleichen Rasse. Da der Hund aber später mit Hunden aller Rassen zusammentrifft, sind gemischte Gruppen zu bevorzugen.

Zusammenstellen einer Spielgruppe

Zunächst mag es als optimal erscheinen, Welpen gleichen Alters und gleicher Größe in eine Gruppe zu integrieren. Da die Welpen in der Gruppe aber richtiges Sozialverhalten lernen sollen, ist eine gemischte Gruppe auch in bezug auf die

▪ *Der kleine Stafford-Mix scheint der Spielaufforderung des jungen Rottweilers etwas skeptisch gegenüberzustehen.*

▪ *Vorsichtshalber nimmt er die Sitzhaltung ein.*

▪ *Eine deutliche Unterwerfung ist auf alle Fälle die sicherste Methode, ungewollten Annäherungsversuchen zu begegnen.*

Größe der Welpen zu bevorzugen. Richtig spannend gestaltet sich der Ablauf in der Spielgruppe, wenn es sich bei der Zusammensetzung um großwüchsige Welpen und um solche kleiner Rassen handelt. Der Umgang eines acht bis zehn Wochen alten Bernhardiners mit einem gleichaltrigen West Highland White Terrier ist für den Kleineren doch von etwas grober Natur, vor allem, wenn der großwüchsige Welpe sich als dominant den übrigen Welpen gegenüber erweist. Da bedarf es schon der besonderen Aufmerksamkeit und gelegentlich auch dem Eingreifen eines erfahrenen Spielleiters, um hier nicht von vornherein Gewinner beziehungsweise Verlierer vorzuprogrammieren.

Allerdings benehmen sich nicht alle großen Welpen den Kleinen gegenüber rüde und rücksichtslos; oft ist es auch gerade umgekehrt, daß die kleinen Kessen den Großen ordentlich zu schaffen machen.

Wichtiger als die körperliche Über- oder Unterlegenheit ist die Beachtung der »geistigen« Reife. Ein wenig auf die Welpenspieltage vorbereiteter, ängstlicher Hund – gleich welcher Größe und Rasse – wird in den ersten Stunden immer Probleme im Umgang mit der übrigen Spielgruppe haben. In der Regel raufen sich die kleinen Vierbeiner aber ziemlich schnell zusammen, und ein Eingreifen des Spielleiters und vor allem der ängstlichen Besitzer ist meist gar nicht nötig. Auch ist im Verlauf der Spielstunden häufig zu beobachten, daß sich Welpen gleicher Rasse und Größe zusammentun.

Die Gruppenstärke sollte acht Welpen nicht übersteigen. Bei einer größeren Anzahl sind dem Spielleiter entsprechend geschulte Helfer an die Hand zu geben.

In der Größe dürfen die Hunde in der Spielgruppe ruhig verschieden sein, aber vom Alter her sollten sie etwa zusammenpassen. Der Spielleiter sorgt dafür, daß beim Toben nichts passiert.

Zu große Gruppen sollten lieber nach dem körperlichen Zusammenpassen der Welpen getrennt werden.

Bei der Anmeldung eines Welpen zu einem Welpenspielkurs wird sein lückenloser Impfschutz auf der Impfbescheinigung überprüft, um Ansteckungsgefahren für andere Welpen weitestgehend auszuschalten. Für den verantwortungsvollen Welpenbesitzer sollte diese Formalität selbstverständlich sein; Erfahrungen auf Hundespielplätzen zeigen jedoch auch die Uneinsichtigkeit mancher Hundehalter.

> Bei einem verantwortungsvollen Züchter erfolgt die erste Impfung zur Grundimmunisierung gegen Tollwut, Staupe, Hepatitis und Leptospirose schon vor der Abgabe des Welpen; für die Nachimpfung stellt der Neubesitzer – vorausgesetzt, er hat den Welpen im Alter von acht Wochen übernommen – den kleinen Vierbeiner im Alter von 12 bis 14 Wochen dem Tierarzt vor. Die erste Parvovirose-Impfung kann der Welpe ebenfalls noch beim Züchter bekommen, die Nachimpfungen erfolgen im Abstand von zwei bis vier Wochen.

Dies wird deshalb an dieser Stelle so genau beschrieben, weil bei Welpen aus nicht kontrollierbaren Quellen (zum Beispiel aus Massenzuchten oder aus den Ostblockstaaten) die Richtigkeit der den Papieren beigefügten Impfbescheinigungen oft anzuzweifeln ist. Am Tage der

> Welpenspieltage tragen zur Sozialisierung des Welpen bei und festigen seinen Charakter. Durch eine regelmäßige Teilnahme lassen sich viele Probleme vermeiden, die bei Hunden ohne regelmäßigen Kontakt zu Artgenossen auftreten können.

Impfung bzw. Nachimpfung sollte der Welpe übrigens etwas geschont werden und nicht unbedingt mit anderen Welpen herumtollen. Einmal mit der Spielstunde auszusetzen ist nach dem Impftermin sinnvoll.

■ Aufgaben des Spielleiters

Die Bezeichnung »Spielleiter« kann natürlich auch durch die des »Ausbilders« ersetzt werden. Da das Wort Ausbildung jedoch immer auch die Vorstellung von Schulung – womöglich mit einem leicht negativen Touch – beinhaltet, soll hier der Begriff Spielleiter verwendet werden.

Dem Spielleiter einer Welpenspielgruppe obliegt die verantwortungsvollste Aufgabe überhaupt. Er hat nicht nur die Welpen während der Spielstunde zu beaufsichtigen und zu lenken, er muß auch Führungsqualitäten im Umgang mit Menschen besitzen. Jeder Ausbilder auf einem Hundesportplatz wird bestätigen, daß sich gerade bei Problemhunden beim Hinterfragen häufig nicht die Hunde, sondern vielmehr die Hundebesitzer als das eigentliche Problem herausstellen. Nach dem regelmäßigen Besuch von

■ *Auch zu großen Hunden wird vorsichtig Kontakt aufgenommen.*

■ *Im Spiel wird auch von den Welpen schon einmal kräftig »zugelangt«.*

Welpenspieltagen sollte es eigentlich keine Problemhunde mehr geben; doch leider wird zum einen von dem Angebot der frühen Welpenförderung noch viel zu wenig Gebrauch gemacht, zum anderen werden auch noch nicht überall verantwortungsvoll betreute Welpenspielstunden angeboten.

Der Spielleiter muß darauf achten, daß die Welpen nicht überfordert werden. Wenn sich die Welpen selbst zu viel zumuten und die Grenzen ihrer Belastbarkeit nicht erkennen, muß er das Spiel abbrechen. Das muß er natürlich auch, wenn die Welpen sich hinlegen – ein deutliches Anzeichen von Ermüdung. Wenngleich nach und nach auch Grundgehorsamsübungen eingebaut werden, so sollten die Welpenspieltage doch in erster Linie das bleiben, wofür sie konzipiert wurden: sie dienen dem spielerischen Umgang mit anderen Artgenossen und dem Kennenlernen von verschiedenen Umweltreizen auf spielerische Art und Weise. Das erfordert ein außerordentlich behutsames Vorgehen und viel Einfühlungsvermögen vom Spielleiter.

Da der Spielleiter **der** Ansprechpartner für die Welpenbesitzer ist, sollte er über gute Kenntnisse der typischen Charakteristika der verschiedenen Rassen verfügen. Es sei immer wieder betont: Die einzelnen Rassen, die für einen bestimmten Verwendungszweck gezüchtet wurden, weisen auch zuweilen ein stark voneinander abweichendes Verhaltensrepertoir auf. Doch selbst innerhalb einer in sich homogenen Rasse – ja sogar bei Wurfgeschwistern – zeigen sich unterschiedliche Verhaltensmuster, auf die es natürlich einzugehen gilt.

Es wird ersichtlich, daß dem Spielleiter nicht nur das Überwachen einer Welpenspielgruppe obliegt, sondern eben viel mehr. Mit dem Ende der eigentlichen Spielstunde muß er sich genügend Zeit nehmen, um den Hundebesitzern auf all ihre Fragen Rede und Antwort zu stehen. Ohne fundiertes Fachwissen ist die Leitung einer Welpenspielstunde schlicht und einfach nicht möglich und von vornherein zum Scheitern verurteilt. Wenn es sich bei den kleinen Vierbeinern um Vertreter des gleichen Naturells bezüglich des physischen und psychischen Entwicklungsstandes handelt, kann beim Spielenlassen nicht gar zu viel passieren. Da sich aber in der Regel die Zusammensetzung einer Welpenspielgruppe eben doch so gestaltet, daß ohne das Regulieren und Eingreifen des Spielleiters bei einzelnen Welpen eher Schaden angerichtet würde, ist seine hohe Qualifikation sehr wichtig.

Für den Spielleiter ist es sicher von Vorteil, wenn er über seine Schützlinge Buch führt; er sollte sich während oder nach jeder Stunde Notizen über jeden einzelnen Welpen machen und in der nächsten Stunde auf besondere Auffälligkeiten achten, die es dann natürlich zu erkunden und gegebenenfalls abzustellen gilt. So darf er etwa das Dominanzgebaren eines überagilen kleinen Rüden, der sich durch ständiges Aufreiten bei den Schwächeren hervortut, keinesfalls übersehen oder gar tolerieren. Leider wird das dann notwendige Eingreifen oft vom Besitzer des Welpen gar nicht verstanden – man findet es geradezu super, wenn sich der kleine Kerl so toll durchsetzt!

Ein energisches »Nein« des Spielleiters genügt hier nicht; bei dem oben geschilderten Verhalten muß schon eine wirksamere Gangart eingeschaltet werden, und zwar unverzüglich. Gleich beim Aufreiten erfolgt ein Griff in den Nacken und das

rasche Herumwerfen des Welpen in die Unterwerfungshaltung – auf den Rücken also. Keine Angst – im Spiel mit anderen Welpen wird der kleine Hund auch nicht sanfter behandelt, er wird also keinen Schaden nehmen.

Es ist nicht zu dulden, daß der dominierende Welpe die gesamte Gruppe oder einzelne Mitglieder regelrecht malträtiert, denn hier bahnt sich bereits eine Entwicklung an, die später nicht mehr zu steuern ist. Das Aufreiten an Herrchens Hosenbein wäre da noch das geringste Übel.

Um bei dem Welpen nicht den Eindruck zu erwecken, daß nur der Spielleiter ihn diszipliniert und der Besitzer nichts dergleichen tut, sollten die Besitzer mit der notwendigen Maßnahme vertraut gemacht werden und sie unter den kritischen Augen des Spielleiters auch anwenden. Auch hier sind ausführliche Gespräche über das »Strafmaß« seitens des Spielleiters mit dem Welpenbesitzer vonnöten. Eine Maßregelung, die der eine Hund einfach wegsteckt, kann bei

■ *Spielleiter und Hundebesitzer müssen nur selten eingreifen – aber dann kann ein energischer Befehl schon mal nötig sein.*

einem anderen, sehr sensiblen Welpen geradezu einen Schock auslösen! Zur richtigen Dosierung von tadelnden Worten gehört deshalb viel Einfühlungsvermögen.

Noch ein Wort zu den ängstlichen Hunden. Welpen, die sich ängstlich zeigen, dürfen natürlich für ihr Verhalten nicht noch gestraft werden. Ebenso falsch wäre es, solche Hunde durch beruhigendes Auf-sie-Einreden von ihrer Angst befreien zu wollen. Die Methode der Wahl bei kleinen Angsthasen ist das Ablenken von ihrem vermeintlichen Angst-Objekt mit einem Spielzeug, von dem man weiß, daß es gerne angenommen wird. Der Welpe wird sich vielleicht nicht spontan auf sein Bällchen stürzen, aber nach und nach doch lieber seine Konzentration auf dieses lenken.

Wie bei Menschenkindern gibt es auch bei den Welpen zurückhaltende Naturen, denen man nur zur Eingewöhnung Zeit lassen muß. Haben sie an dem gemeinsamen Spiel erst einmal Gefallen gefunden, sind gerade sie diejenigen, die eifrig und voller Freude zum Welpenspielplatz drängen.

■ Ablauf des Welpenspieltages

Das Gelände

Um Welpenspieltage abhalten zu können, ist neben anderen, bereits genannten Voraussetzungen ein eingezäuntes Grundstück erforderlich. Dies sollte für die teilnehmende Welpenzahl entsprechend groß sein und so sicher, daß sich kein Hund beim übermütigen Spielen

verletzen kann. Baumbewuchs und verschiedenartige Bodenbeschaffenheit (kleine Hügel u. ä.) sind von Vorteil.

Beim Angebot von Welpenspieltagen auf einem Hundeplatz werden die Welpen vom übrigen Ausbildungsbetrieb getrennt, das heißt, ein Spielplatz wird vom übrigen Gelände abgeteilt und so eingezäunt, daß die Welpen nicht ausbrechen können. Bei Welpenspieltagen in privater Initiative genügt ein entsprechend geräumiger Garten. Spaziergänge und andere Erkundungen finden ohnehin außerhalb des den Welpen bekannten Terrains statt.

> Auch außerhalb der Welpenspielstunden muß sich der Hundehalter ständig mit dem Welpen beschäftigen!

Feste Regeln

Schon von der ersten Stunde an gilt es, für Welpenbesitzer und Welpen gewisse Ordnungsregeln einzuhalten, um einen reibungslosen und natürlich konfliktfreien Ablauf der künftigen Treffen zu gewährleisten.

Die Hunde kommen immer angeleint auf dem Spielplatz an; gemeinsam wird auch der letzte Teilnehmer abgewartet. Spielchen der Welpen untereinander sollten dem angeleinten Hund nicht gestattet werden, ebensowenig wie das Herumzerren an der Leine. Wird von Anfang an auf Disziplin geachtet, versteht das auch der Welpe sehr bald. Notfalls müssen seine Annäherungsversuche durch das Kommando »Sitz« unterbunden werden. Bereits das Eintreffen auf

Gar nicht so einfach zu erlernen – der Befehl »Sitz«.

dem Hundeplatz ist also schon mit gewissen Anstandsregeln verbunden, ohne die auch im späteren Hundeleben nichts läuft.

Gemeinsam begibt sich die vollzählige Gruppe zur Spielwiese. Dort kann noch einmal ein »Sitz« gefordert werden, bevor alle Welpen bar jeden Leinenzwangs auf das Kommando »Lauf schön« (oder welches Kommando auch gewählt wird –

> Um feste Regeln einhalten zu können, ist von allen Beteiligten Konsequenz vonnöten. Wird von den Welpen zunächst einmal »Sitz« verlangt, bevor sie rennen und toben dürfen, gilt das für alle Spieltage.

es muß nur stets das gleiche sein) freigelassen werden.

Das Anleinen auf dem Hundeplatz hat jedoch nicht nur disziplinarische Gründe, es ist vielmehr aus Sicherheitsgründen vorgegeben. Auf einem Hundeplatz halten sich nicht nur Welpen auf; das Gelände wird von weitaus mehr ausgewachsenen Hunden bevölkert. Auf den sogenannten Welpenschutz – die Beißhemmung erwachsener Hunde gegenüber Welpen – sollte man sich nicht unbedingt verlassen, denn insbesondere bei Hündinnen funktioniert er zuweilen nicht.

Die Spielstunde

In der Regel wird ein Spieltag in der Woche angeboten. Das bedeutet nun aber nicht, daß die Welpenbesitzer die übrige Zeit untätig mit ihrem Welpen verstreichen lassen dürfen. Geübt wird nämlich jeden Tag oder genaugenommen ständig. Jeder Spaziergang wird genutzt, um das Gelernte zu wiederholen und für die nächste Spielstunde zu festigen.

Ganz ideal sind natürlich zwei Spieltage in der Woche, die sich jeweils in zwei Spiel- und zwei Übungsphasen von je einer Viertelstunde aufteilen. Mit den Ruhepausen ist also etwa eine Stunde vorgesehen.

Gespräche mit Herrchen bzw. Frauchen finden zwar – wann immer gewünscht – während der Stunde statt; im Anschluß an die Spiel- und Übungsphasen sollte aber immer genügend Zeit für Gespräche und Diskussionen mit den Hundehaltern verbleiben. Es obliegt dem Spielleiter, die Welpenbesitzer immer wieder aufzufordern, Fragen zu stellen. Keiner sollte mit unausgesprochenen Fragen nach Hause gehen.

Während der Spielphasen lernen Welpen sehr schnell, mit welchem der Artgenossen sie was machen können, wer sich mehr zum Wettrennen eignet und mit wem sich herrlich herumbalgen läßt. In die meist harmlosen Auseinandersetzungen der Welpen sollte sich niemand einmischen. Je eher den Hunden Gelegenheit gegeben wird, sich untereinander zu arrangieren, um so eher kommt Ruhe und Ordnung in die Gruppe.

Das geschulte Auge des Spielleiters vermag zu erkennen, wann die Rangeleien auszuufern drohen und wann sein Eingreifen vonnöten ist. Da der Welpe schon von der Hündin gelernt hat, Beißereien untereinander in Grenzen zu halten,

muß der Spielleiter vor allem auf die vorhandene Beißhemmung der Welpen achten oder bei Fehlen der Beißhemmung die Kleinen entsprechend belehren.

Zurückhaltende oder gar ängstliche Hunde muß der Spielleiter als solche erkennen; sie brauchen in der Regel nur etwas mehr Zeit, um sich an den Welpentrubel zu gewöhnen. Falsch ist es, sie durch gutes Zureden zu beruhigen; das würde ihre Angst nur als berechtigt bestärken.

Ältere und schlecht sozialisierte Welpen, die Ängstlichkeit in der Form zeigen, daß sie jeden anderen Hund nicht nur anknurren, sondern sich vielmehr ausgesprochen aggressiv zeigen, sind auf dem besten Wege, sich zu Angstbeißern zu entwickeln. Sie müssen unverzüglich aus der Gruppe abgetrennt werden. Dann bringt man sie mit einem oder zwei Hunden allein zusammen, wobei letztere absolut friedfertigen Gemüts sein müssen. Erst nach dem gewünschten Erfolg – dem Erlernen des richtigen Sozialverhaltens – geschieht das vorsichtige Rückführen zur Gruppe.

Wichtig
Insbesondere bei großer Hitze ist darauf zu achten, daß sich die Welpen nicht überanstrengen. Die Spielphasen sind dann auf ein Minimum zu kürzen.

Generell ist ein im Wachstum befindlicher Hund körperlich rasch überfordert, was bei besonders prädisponierten Rassen zu irreparablen Rückenschäden führen kann.

Der Welpenspaziergang

Als ideal erweist sich das Anbieten von neuem, unbekanntem Spielgelände. Wo das nicht möglich ist, kann die ganze Welpengruppe auf dem Spaziergang Wald, Felder und Gewässer erkunden. Der Welpenspaziergang, der natürlich nur ohne Leine so richtig Freude bereitet, sollte aus verständlichen Gründen erst dann zur Durchführung gelangen, wenn der Welpe sicher auf das Kommando »Hier« zu seinem Besitzer kommt. Die gesamte Gruppe fällt auseinander, wenn da so ein einzelner Knirps plötzlich versucht, sich in die Büsche zu schlagen – abgesehen davon, daß dann die Rudel-bindung zum Besitzer nicht sehr ausge-prägt zu sein scheint. Während des Spaziergangs empfiehlt sich zur Kontrolle immer einmal das zwischenzeitliche Abrufen und wieder Laufenlassen des Welpen.

Rufen – Kommen – Loben und wieder laufen dürfen – das ist herrlich für den Welpen! Für den Welpenspaziergang ist ein »welpensicheres« Gelände zu wählen, das heißt, es darf nicht von Autos befahren werden. Die Welpen sollen möglichst ungestört die Umgebung rechts und links des Weges erkunden können. Vor einem Waldspaziergang tut der Spielleiter gut daran, dem zuständigen Förster seine Absicht zu bekunden;

■ *West Highland White Terrier und Fox Terrier erkunden auf dem Welpenspaziergang einen Wassertümpel und sehen danach entsprechend aus.*

die Durchführung des Ausfluges durch den Wald dürfte schon deshalb keine Schwierigkeiten bereiten, weil sich die Welpen in der Regel nicht außer Sichtweite des Besitzers und der Gruppe begeben. Außergewöhnliche, für den Welpen schreckhafte Ereignisse könnten ihn allerdings in Panik versetzen und ihn veranlassen, das Hasenpanier zu ergreifen.

vordem weißen Westies dann nicht mehr so recht erkennbar ist, darf den Welpenbesitzer nicht stören. Rohre, die offen daliegen, so daß die Welpen hindurchkriechen können, sind eine herrliche Abwechslung.

Auf dem Welpenspaziergang kann auch das Begehen einer schmalen Brücke eingeübt werden. Hierbei zeigt sich, wie vertrauensvoll der Welpe

■ Dieser kleine Dalmatiner trainiert seinen Gleichgewichtssinn auf den Plastikbällen in der Spielkiste.

Kleine Tümpel und niedere Wassergräben zu inspizieren ist für die Welpen ein Riesenvergnügen! Selbst von Natur aus nicht unbedingt wasserfreudige Hunde haben meist nichts gegen so ein richtiges Schlammbad. Daß die Farbe des

Lange Röhrentunnels, deren Ende nicht zu sehen ist, müssen vom Spielleiter zuvor beim Testspaziergang auf augenscheinliche Verletzungsquellen geprüft und eventuell vorsichtshalber verschlossen werden.

seinem Besitzer folgt. Ist eine solche Brücke nicht vorhanden, sollte sie der Spielleiter vor dem Ausflug mittels eines entsprechend breiten Brettes schaffen. Der Steg führt natürlich nicht etwa über einen tiefen Abgrund, sondern lediglich über ein Bächlein oder Rinnsal oder einfach nur über eine entsprechende Bodenmulde.

Gerade heutzutage ist die Konfrontation des Welpen mit dem Straßenverkehr und der damit verbundenen Lärmentwicklung unumgänglich. Ein Welpenspieltag kann dazu genutzt werden, denn das Erleben in der Gemeinschaft mit Art-

🟨 *Eine kleine Verschnaufpause gönnt sich dieser Westie nach dem Toben.*

genossen verunsichert den einzelnen Welpen weniger stark. Die Fahrt in die Stadt erfolgt mit dem eigenen Auto. Ein voller, mit Schulkindern besetzter Linienbus eignet sich weniger, aber eine ruhige Bus- oder Straßenbahnfahrt bietet sich da schon eher an.

Anläßlich der ersten Fahrt mit dem Omnibus darf der Welpe auf dem Schoß seines Besitzers sitzen; das gibt ihm Sicherheit und die Möglichkeit, aus dem Fenster zu schauen. Auch zum Aussteigen ist noch Hilfestellung vonnöten. Ein Fehltritt des Welpen läßt diesen für immer oder zumindest für lange Zeit vor dem Ungetüm Omnibus zurückschrekken, und das muß ja nicht sein.

Dem dichtesten Verkehrsgewimmel sollen die Welpen beim ersten Stadtspaziergang nicht ausgesetzt werden. Geeig-

🟨 *Daß man ab und zu über den Haufen gerannt wird, muß man beim Toben mit den Junghunden in Kauf nehmen.*

net ist eine nicht zu verkehrsreiche Straße außerhalb der Stoßverkehrszeiten. Auch sonst recht forsche Welpen zeigen sich angesichts der vielen Autos und noch größerer Ungeheuer doch recht kleinlaut; sie möchten sich teilweise am liebsten hinter »ihrem« Menschen verkriechen. Doch Trösten und gutes Zureden ist auch hier wieder fehl am Platze. Wenn man ihn in einiger Entfernung von der Straßenkante zuerst einmal den vorüberfließenden Verkehr in Ruhe beobachten läßt, merkt der Kleine schon bald, daß ihm das Ungewohnte vor allem im Beisein von Herrchen ja nichts anhaben kann. Was er sehen kann, bereitet ihm zudem weniger Unbehagen, weshalb er anfangs auch gegen den Verkehr laufen sollte. Nicht jeder Welpe ist schon so geräuschfest, daß er Autos, die er von hinten kommen hört, aber nicht sieht, ruhig toleriert.

Wenn man einen älteren, schon abgeklärten Hund zum ersten Stadtspaziergang des Welpen mitnimmt, kann er diesem durch sein ruhiges, besonnenes Verhalten verdeutlichen, daß Autos und Fußgänger in Ruhe zu tolerieren sind. Bei den späteren Spaziergängen gewöhnt man den kleinen Vierbeiner allmählich an verkehrsreichere Straßen.

Gehorsam muß sein – auch für den jungen Hund

Zwei wichtige Gehorsamsübungen sind auch schon für den ganz jungen Hund zwingend und es darf nicht versäumt werden, rechtzeitig damit zu beginnen: Er muß lernen, zu seinem Herrn zu kommen, wenn dieser das fordert, und auch das Kommando »Sitz« sollte er bald beherrschen. Beide Aufgaben begreift der junge Hund recht schnell, wenn konsequent auf ihrer Ausführung bestanden wird.

■ Das **Kommando »Platz«** gehört ebenfalls in den Lernbereich des Junghundes. Das »Auslassen« von Gegenständen – und sei es zunächst auch nur in spielerischer Form – wird an anderer Stelle beschrieben.

■ **Bei-Fuß-Gehen** ist auch ein wichtiges Kommando für den jungen Hund, wobei gerade diese Übung nicht aus falschem Ehrgeiz des Hundehalters übertrieben werden darf. Wenige Meter Bei-Fuß-Gehen genügen zunächst völlig, und es ist wichtig, den Hund anschließend mit einem Freilassen und der Aufforderung zum Laufen zu belohnen. Die **Übung »Bei Fuß«** an sich ist für den Welpen und Junghund leicht erlernbar. Mit der einen Hand wird der Hund an lockerer Leine geführt, während sich in der anderen ein Leckerle oder ein Spielzeug des Hundes befindet. Der kleine Kerl wird keinen Schritt vorauseilen und eifrig darum bemüht sein, das begehrte Leckerle auch

■ Ein Hund, der das Kommando »Sitz« zuverlässig ausführt, steht immer im Einwirkungsbereich seines Besitzers.

■ In der Platz-Haltung beobachtet der junge Schäferhund ganz gebannt das Geschehen auf dem Hundeplatz.

zu bekommen, was nach gehorsamem Ausführen des Kommandos »Fuß« auch geschieht. Mit welcher Hand die Leine geführt wird, spielt in diesem Moment noch keine Rolle. Für den künftigen Agility-Hund ist später ohnehin das beidseitige Führen wichtig, da sich bei der einseitigen Führung der Halter beim Agility zuweilen selbst behindert. Auch das Heranführen an die Hindernisse geschieht beidseitig (mehr darüber siehe Seite 68).

■ Das ruhige Stehenbleiben beim **Kommando »Steh«** wird ebenfalls schon mit dem Junghund geübt. Spätestens bei der Vorstellung in der Tierarztpraxis ist das Beherrschen dieser Übung für alle Beteiligten eine große Erleichterung. Wie angenehm gestaltet sich die Untersuchung für den Tierarzt, wenn er ohne das Veranstalten von Ringkämpfen mit dem

Hund arbeiten kann! Auch der künftige Ausstellungshund sollte rechtzeitig mit dieser Aufgabe vertraut gemacht werden. Wieder tritt die Hand mit einem Leckerchen in Aktion. Diese befindet sich vor der Hundenase, während die andere Hand das Bäuchlein krault, um ein Hinsetzen des Welpen zu verhindern. Das lang ausgesprochene Kommando »Steh« macht dem Hund das Geforderte rasch verständlich.

- Alles, was der Welpe nicht tun soll, wird mit einem energischen **»Nein«** geahndet. Einmal »Nein« heißt immer »Nein«; auch hier ist wieder die konsequente Handhabung eines Kommandos oberstes Gebot.

Generell darf dem jungen Hund all das nicht erlaubt werden, was dem erwachsenen Hund verboten werden soll. Wenn beispielsweise so ein kleines Hundekind einem Fahrrad nachrennt und es erhaschen will, mag das allenfalls putzig aussehen und sogar zu Gelächter Veranlassung geben, bei dem ausgewachsenen Hund gibt solches Verhalten dann aber nur noch Grund zu Ärgernis. Deshalb sollten solche Verhaltensweisen bereits dem jungen Hund abgewöhnt werden.

Kommen

Jeder Hundehalter möchte, daß sein Hund auf möglichst einmaligen Ruf zu ihm kommt. Auf dem Welpenspielplatz wird das Herkommen in der Weise geübt, daß ein Helfer den Hund festhält und der Welpenbesitzer sich entfernt, wobei es ihm überlassen bleibt, zunächst die Entfernung zu bestimmen. Bei einem Wel-

pen, mit dem das Herkommen vorher noch nicht geübt wurde, sollte sich der Besitzer anfangs nicht zu weit entfernen.

> Laufen Sie niemals dem Welpen nach, wenn er auf ihr Kommando nicht reagiert!

Auf den Ruf »Hier« gibt der Helfer den Welpen frei – und fast jeder junge Hund rennt eilends zu Herrchen oder Frauchen! Manch einer verspürt jedoch anderen Tatendurst und nutzt das Freisein zu eigenen Exkursionen. Da heißt es Ruhe bewahren, stehenbleiben, den Namen und das Kommando »Hier« wiederholen und Unterstützen durch Sichtzeichen (Klopfen an das Knie). Als hilfreicher Trick kann das für den Hund sichtbare Zurückgehen des Besitzers um ein bis zwei Schritte Anwendung finden. Wenn der Welpe sieht, daß seine Bezugsperson sich von ihm entfernt, folgt er ganz bestimmt aus Furcht, zurückgelassen zu werden.

> Wie stets in der gesamten Hundeerziehung muß das einmal gewählte Kommando zeitlebens das gleiche bleiben. Das Kommando wird jeweils kurz und energisch gegeben; niemals gehört ein »Bitte« dazu!

Keinesfalls darf man jedoch auf den Welpen zugehen oder ihm gar nachlaufen! Er würde das neue Spiel herrlich finden, sich beinahe haschen lassen, um aber kurz vorher wieder davonzurennen. Wenn der kleine Kerl schließlich doch bei dem Rufenden eintrödelt, darf man auf keinen Fall mit ihm schimpfen! Der Hund wird ausgiebig gelobt, auch wenn es lange gedauert hat, bis er dem »Hier«-Kommando gefolgt ist.

Bevor mit dem Welpen das Herankommen im Freien geübt wird, kann es in der Wohnung beispielsweise vor dem Fressen gefordert werden, ebenso wie vor jedem Spaziergang und auch einfach nur, um Streicheleinheiten zu verabreichen. Auf diese Weise lernt der Welpe, erfreuliche Erlebnisse und Wohlbehagen mit dem Kommando »Hier« und dem folgenden Kommen zum Herrn zu verknüpfen.

Wer das Herankommen alleine übt, geht folgendermaßen vor: Man übt zunächst draußen an der langen Leine. Dabei bleibt der Hundehalter stehen und ruft den Welpen, der sich entfernt hat, soweit die Leine reicht mit dem Namen und dem Hörzeichen (»Komm«, »Hierher« oder kurz und prägnant nur »Hier«) zu sich. Dabei muß der Besitzer stehenbleiben und darf dem Welpen nicht etwa entgegengehen. Dieser würde sonst in der Annahme, daß Herrchen zu ihm kommt, wartend stehenbleiben. Hilfreich erweist es sich, in die Hocke zu gehen, weil dadurch die tatsächliche Entfernung zum Herrn überschätzt wird und der Welpe diesen durch die Kleinheit viel weiter weg wähnt.

Bereits wenn der Welpe sich zum Kommen in Bewegung setzt, wird er mit »So ist's brav« bedacht und schließlich mit großem Lob und einer leckeren Belohnung empfangen. Macht der Welpe hingegen keine Anstalten zu kommen, bedeutet ihm ein Ruck an der Leine, was von ihm erwartet wird.

Das Kommen an der Leine bereitet im allgemeinen keine Probleme. Das Zurückrufen ohne Leine soll, wenn durch Vorübungen genügend Sicherheit zur Ausführung des Kommandos vorausgesetzt werden kann, vor allem oder gerade dann geübt werden, wenn äußere Einflüsse wie aufregende Gerüche und dergleichen den Welpen besonders stark ablenken. Kommt der Welpe auch beim Ansichtigwerden eines anderen Hundes – was wohl die größte Ablenkung bedeutet – gehorsam zurückgelaufen, so ist das Ziel der Übung erreicht.

Sitzen

Das Kommando »Sitz« kann bereits im frühen Welpenalter relativ leicht gelehrt werden. Der Welpe setzt sich auch schon ohne menschliches Zutun hin; nun soll er aber lernen, es auf ausdrücklichen Befehl auszuführen.

Vielleicht stellt sich bei dem Hundebesitzer die Frage nach dem Sinn einer solchen Übung im Welpenalter. Zwingende

Ein Hund, der auf entsprechenden Befehl prompt die Sitzstellung einnimmt, befindet sich immer im Einwirkungsbereich seines Besitzers. Beim Befolgen dieses Befehls wendet der Hund seine Aufmerksamkeit automatisch dem Besitzer zu. Das kann vor allem bei sehr großen Rassen vorteilhaft sein, bei welchen mit reinem Kraftaufwand ohnehin nichts zu erreichen ist.

»Sitz« lernt der Welpe rasch – oft genug nimmt er diese Position freiwillig ein, wenn er aufmerksam seine Umgebung betrachtet.

Notwendigkeit, wie etwa für die Erziehung zur Stubenreinheit oder das Herankommen auf Rufen, besteht dafür sicher nicht. Sie bedeutet aber eine wertvolle Vorübung für das spätere Beherrschen kritischer Situationen.

Um den Welpen zum »Sitz« zu veranlassen, muß der erhobene Zeigefinger zunächst seine Aufmerksamkeit erregen. Effektiver wirkt allerdings ein hingehaltenes Leckerle in einer Höhe, die bewirkt, daß der Welpe den Kopf hochnehmen muß, um es ja nicht aus den Augen zu verlieren. Da diese Haltung verständlicherweise recht unbequem ist, entgeht ihr der Welpe durch Hinsetzen. Zugleich muß nun das Hörzeichen »Sitz« ertönen. Das Leckerle darf nicht so hoch gehalten werden, daß der Welpe danach springt. Bei einem sehr kleinen Welpen sollte sich der Besitzer ruhig in etwas gebeugter Haltung nähern.

Will man verhindern, daß sich bei dem Welpen die Gewohnheit einschleicht, sich nur hinzusetzen, wenn ein Leckerle vor seine Nase gehalten und ihm schließlich gereicht wird – eine solche Verknüpfung liegt natürlich auf der Hand – bietet sich eine andere Methode des Erlernens an. Zu diesem Zweck muß der Welpe das Halsband tragen. Die rechte Hand faßt in

Alle Kommandos werden dem Hund auch unter Ablenkung gegeben, das heißt beim »Sitz« muß der Halter um ihn herumgehen, beim »Platz« über ihn hinwegsteigen können; der Hund soll auch ruhig verharren, wenn der Besitzer sich etwa einen Meter von ihm entfernt. Das Ziel dieser Gehorsamsübungen ist schließlich, daß fremde, am Hund vorübergehende Menschen ihn nicht abzulenken vermögen und ihn auch ein anderer Hund nicht zu Handlungen verführen kann, die der Besitzer nicht möchte.

das Halsband und verhindert damit ein Vor- und Zurückweichen, und die linke Hand drückt den Welpen sanft, aber bestimmt bei gleichzeitig gegebenem Hörzeichen »Sitz« hinten herunter.

Erst wenn der Hund nur auf das alleinige Hörzeichen die Sitzposition einnimmt, darf davon ausgegangen werden, daß er den Befehl ein für allemal verstanden hat.

Spielangebote und Spielmöglichkeiten

Die spielerischen Übungen sollten sinnvollerweise vor der Spielphase vor sich gehen; dann ist sichergestellt, daß die Welpen vom wilden Spielen noch nicht ermüdet sind. Bei umgekehrter Reihenfolge sind die Erholungsphasen entsprechend lang einzuplanen.

Das Angebot an sinnvollen Geräten zum Üben und Erkunden für den Welpen ist fast unerschöpflich. Was kleinen Kindern gefällt, wird auch von den Welpen gerne in Anspruch genommen: eine **Welpen-Spielkiste**! Das kann beispielsweise ein Sandkasten aus Kunststoff sein, der im Spielzeughandel erstanden und mit Plastikbällen gefüllt wird. Haben die Welpen nach ersten zaghaften Versuchen erst einmal Spaß an diesem »Gerät« gefunden, stürzen sie sich – genau wie kleine Kinder – förmlich in die Ballflut.

Manche Geräte auf dem Hundesportplatz lassen sich auch für den künftigen Agility-Hund gut nutzen, wie etwa der **Tunnel**. Anfangs ist es notwendig, die Länge des Tunnels durch Zusammenschieben zu verkürzen; der Tunnel darf dem Hund nicht beängstigend erscheinen. Wie bei allen Geräte-Übungen gilt folgende Regel: was der Hund in dieser Stunde nicht ausführen mag, wird nicht erzwungen, sondern vielmehr in der nächsten Stunde noch einmal versucht. Aber auch Geräte, die er mit Begeisterung nimmt, kommen nur zwei- bis dreimal in einer Stunde zum Einsatz. Zu schnell hat sich sonst der junge Hund in Überschätzung seiner Kräfte buchstäblich verausgabt.

Während auf der einen Seite des Tunnels ein Helfer den Hund festhält, lockt ihn Herrchen auf der anderen Seite mit einem Leckerle oder seinem Lieblingsspielzeug. Durchläuft der Hund den zunächst verkleinerten Tunnel ohne Furcht, kann dieses Gerät allmählich auf die gesamte Länge gebracht werden. Geschieht auch hier das Durchlaufen problemlos,

■ *Platzangst muß der kleine Yorkshire-Terrier beim Durchlaufen des Tunnels wirklich nicht haben.*

erfolgt eine Erschwerung durch Biegen des Tunnels. Hier muß der Besitzer dem Hund auch schon einmal ein Stück entgegenkriechen, damit dieser erkennt, wo es lang geht.

Das Kommando zum Durchlaufen des Tunnels heißt in der Regel »Durch«. Erst wenn alles perfekt klappt, soll der Hund alleine den Tunnel bewältigen, während Herrchen mitläuft und dann den Hund am Ende in Empfang bzw. an die Leine nimmt, wenn die Übung damit beendet ist. Eine Kombination von Hindernissen ist beim jungen Hund noch nicht sinnvoll. Für den Stofftunnel gilt im Prinzip Gleiches wie für den festen Tunnel, nur ist hier anfangs der auf dem Boden liegende Stoff hochzuhalten. Zu leicht kann sich der unerfahrene Hund darin verfangen, und dann wäre es schwer und mühsam, ihn zu einem weiteren Durchgang zu motivieren. Die Hilfestellung wenigstens zweier Personen erweist sich damit als notwendig (Stoff hochhalten, Hund halten, und der Besitzer ist am Ende des Tunnels mit dem Herauslocken beschäftigt).

Gleich einige Spielmöglichkeiten bietet eine große **Plastikplane**. Wenn man sie auf dem Boden auslegt, kann der Hund darüberlaufen. Sicher wird er sich zögernd verhalten, da er diesen Untergrund noch nicht kennt. Aber nach dem Motto:

■ *Aller Anfang ist schwer: Noch erscheint die Röhre dem jungen Husky sehr lang.*

■ *So kann man dem Hund das Gewünschte natürlich auch begreiflich machen!*

■ *Die Skepsis gegenüber dem Tunnel legt sich schnell, wenn am anderen Ende eine Belohnung lockt.*

»Beißt nicht und tut auch sonst nichts« akzeptiert er die Plane. Die Kommandos »Sitz« und »Platz« erschweren das Unterfangen Plane noch zusätzlich. Wenn die Plane von Helfern hochgehoben und über dem Hund geschwenkt wird, zeigt sich die Nervenfestigkeit, die er inzwischen im Umgang mit vielerlei Einflüssen entwickelt haben sollte. Es darf dem Hund auch nichts ausmachen, unter der geschwenkten Plane hindurchzulaufen.

Daß ausgesprochen sensible Welpen mit Reizen – gleich welcher Art – nicht überschüttet, sprich überfordert werden dürfen, ist selbstverständlich. Dies zu gewährleisten, gehört zu den Aufgaben des Spielleiters. Mit der Zeit sollten sich aber alle Welpen an die Plane gewöhnen und auch an **Klingel**, **Hupe** und andere Geräusche. Klappernde Gegenstände lassen sich leicht an einem Seil befestigen. Aufgehängte Luftballons und Alufo-

Der Welpe darf in diesem Alter noch keine großen Sprünge machen, da das Knochengerüst und die Gelenke noch weich sind. Zu leicht könnte sich daraus ein lebenslanger Schaden an Bändern, Sehnen und auch dem Skelett anbahnen. So ist auch für den späteren Agility-Hund der aufgehängte Reifen in diesem Alter noch tabu. Statt dessen wird ein möglichst großer und stabiler Autoreifen zu einem knappen Drittel im Boden vergraben. Wenngleich der Welpe hier keinen Sprung ausführt, sollte doch schon das Kommando »Hopp« zur Anwendung kommen.

Damit der Hund nicht vom Laufsteg herunterrutschen kann, ist bei Neulingen auf dem Übungsplatz Hilfestellung wichtig.

lienstreifen haben mehr einen optischen Einfluß auf den Hund.

Auf dem Welpenspielplatz darf natürlich auch das ganz simple **Spielzeug** nicht fehlen. Ein langer Socken mit einem Tennisball als Einlage, das Ganze fest zugeknotet, ist sowohl für die Gruppe als auch für den einzelnen Welpen ein herrliches und preiswert zu erstellendes Spielzeug! Alte Handtücher erfüllen den gleichen Zweck.

Das Zerren an allen Enden stärkt die Muskulatur; der Spielleiter muß das Spiel allerdings im Auge behalten, damit sich hier nicht kleine Machtkämpfe entwickeln, die die Welpen kräftemäßig noch nicht austragen können.

Verschieden große **Bälle** sind ebenso Bestandteil des Welpenspielzeugs. Dabei ist unbedingt auf geeignetes Material zu achten: Kunststoffbälle enthalten Weichmacher, die dem Hund schaden können, und von Zahnfachleuten ist zu hören, daß der so beliebte Tennisball als Spielball für unsere Hunde äußerst ungeeignet sei. Der sich darin befindliche und für das menschliche Auge unsichtbare Sand wirke auf die Zähne unseres Hundes wie Sandpapier – ein nicht zu unterschätzendes Argument. Am besten eignen sich Bälle aus Vollgummi, die so groß sind, daß sie nicht verschluckt werden können.

Erich Klinghammer vom Wolfspark in Battle Ground/Indiana vertritt die These,

▮ Die Schrägwand ist zwar nicht sehr hoch gestellt, doch der junge Berner Sennenhund scheint zu bekunden: »Schaut nur, wie mutig ich bin!«

■ *In der Gemein-schaft mit anderen Hundefreunden macht das Üben mit den Junghunden richtig Spaß.*

daß Wölfe und auch unsere Haushunde nicht spielen. Immer sei das vermeintliche Spiel ein Abchecken des Gegners. Das vermag der Welpenbesitzer freilich nicht so ohne weiteres nachzuvollziehen. Beim Ansichtigwerden und genauen Beobachten der verschiedenen Spielweisen ist jedoch in der Tat immer der Beutetrieb vorherrschend. Man kann sich Gedanken machen, ob nun das gemeinsame Zerren der Welpen an einem alten Tuch den Beutetrieb so weit fördert, daß dies für den einzelnen Haushund vielleicht gar nicht mehr sinnvoll erscheint.

Wie aber, wenn nicht im Welpenspiel – und sei dies auch ein Ausloten des Spielpartners auf seine Stärken und Schwächen – sollen nun unsere Hunde lernen, miteinander umzugehen? Eine Frage, die schon durch die Erfolge der Welpenspieltage beantwortet sein sollte.

■ Spielerisch lernen

Wenngleich an Gehorsamsübungen im streng genommenen Sinn im Welpenalter noch nicht zu denken ist, lassen sich doch auch jetzt schon gewisse Dinge einüben, die der Hund später einmal können sollte. Das Erlernen bereitet dem jungen Hund in erster Linie auch Freude.

Dem Hundehalter kommt der Spieltrieb des Welpen sehr entgegen. Der junge Hund lernt in spielerischer Weise Aufgaben zu bewältigen, die ihm später nie mehr so leicht zufallen werden.

So wie der künftige Agility-Hund schon im Welpenalter mit manchem Gerät vertraut gemacht wird, welches später in diesem Sport Verwendung findet, kann auch der Suchhund bereits im Welpenalter auf seine Aufgabe eingestimmt werden.

Suchen

Ein Spaziergang mit dem Welpen oder Junghund eignet sich bestens für diese Aufgabe. In einem dem Hund bekannten Gelände läßt man einen Gegenstand fallen, und zwar so, daß es der Hund nicht bemerkt. Der Weg wird ohne Kommentar fortgesetzt. Nach etwa 20 Metern hält man inne und lenkt mit dem Kommando »Such« den Hund auf den verlorenen Gegenstand hin. Handelt es sich zum Beispiel um ein Taschentuch oder einen Handschuh, die nach dem Besitzer riechen, erleichtert es dem Hund das Suchen ungemein, wenn er zuvor an der Hand des „»Verlierers« schnüffeln durfte. Der deutende Finger auf der »Fährte« zeigt dem Hund den richtigen Suchweg, wobei er ständig mit den Worten »Such! Such!« ermuntert und angefeuert wird. Schließlich findet er den Gegenstand und wird ihn freudig aufnehmen.

Anschließend kommt das Kommando »Aus« zum Tragen. Ein dargereichter Belohnungshappen veranlaßt den Hund, das Gefundene auf das Kommando »Aus« auch herzugeben, was bei dieser Übung besonders wichtig ist. So lernt der junge Hund, sich auf das Kommando »Aus« alles, was er gerade im Maul hat, von seinem Herrn abnehmen zu lassen. Das Auslassen wird an anderer Stelle noch ausführlich behandelt.

Das stete Wiederholen des Suchens eines Gegenstandes und ein Freudenausbruch seitens des Besitzers nach erfolgreicher Suche lassen den suchfreudigen Hund diese Aufgabe bald mit Begeisterung ausführen.

Mit dem Verstecken eines Leckerbissens kann dem im Suchen weniger gut veranlagten Hund das Finden erleichtert werden. Dazu wird vom Punkt des Versteckens eine deutliche Fährte getreten, auf welcher der Hund suchen muß. Der gefundene Gegenstand darf natürlich in diesem Fall nach dem Finden verzehrt werden; er sollte das Suchen im wahrsten Sinne des Wortes schmackhaft machen. Ein Gewöhnen an diese Methode ist durch ein baldiges Umstellen auf echte Gegenstände anstele von Leckerbissen zu vermeiden.

Apportieren

Es ist nicht immer so, daß Welpen und Junghunde, die in frühester Jugend mit Freude einen weggeworfenen Gegenstand verfolgen und aufnehmen, auch später vorzügliche Apporteure sind. Immerhin handelt es sich bei diesem »Beutespiel« aber um eine gute Vorübung für das perfekte Apportieren, das eine fortgeschrittene Suchübung darstellt: Nach der Suche muß der Hund den Gegenstand zum Herrn bringen, der ihm nach dem vorschriftsmäßigen Ab- oder Vorsitzen das Gesuchte abnimmt. Für den er-

Vertreter der Retrieverrassen sind von Haus aus freudige Apportierhunde – mit Begeisterung holen sie alles aus dem Wasser, dessen sie habhaft werden können. Andere Rassen sind von Natur aus mit weniger Apportierfreude ausgestattet und müssen dies erst lernen.

wachsenen Hund ist das Einhalten dieser Reihenfolge eine unabdingbare Forderung, die eine Mehrzahl von Einzelabläufen beinhaltet und auf diesen aufbaut. Von einem jungen Hund kann das korrekte Ausführen einer so schwierigen Kombination noch nicht erwartet werden, zumal das Heranbringen und Abliefern mit dem Beutetrieb nur insoweit zu tun haben, als der Hund den Rudelführer Mensch an der Beute teilhaben läßt.

Der zu apportierende Gegenstand ist meist eine Holz- oder auch Plastikhantel, der Größe des Hundes angepaßt. Der frühzeitig mit der Hantel vertraut gewordene Hund betrachtet diese als »sein« Spielzeug, und seinem Beutetrieb folgend wird er die ausgeworfene Hantel suchen. Der Hundehalter gibt dazu zunächst das Kommando »Such! Such!«, und nach dem Auffinden befiehlt er »Bring«. Vielleicht denkt der Hund aber gar nicht daran, die Hantel seinem Herrn zu bringen und rennt statt dessen fröhlich mit ihr umher. In diesem Fall muß die lange Leine Einsatz finden und ein Heranholen des angeleinten Hundes durch die Leine erfolgen. Entsprechendes Lob und eine anschließende Belohnung lassen den Hund bald begreifen, daß zum Schluß auch noch ein »Sitz« von ihm verlangt wird.

Die meisten jungen Hunde laufen freudig einem fortgeworfenen Stöckchen oder Ball nach – was der spielerischen Vorarbeit zum korrekten Apportieren entspricht –, aber es hapert mit dem Wiederbringen. Das ist ganz natürlich, denn das Heranbringen und Abliefern hat mit dem eigentlichen Beutetrieb ja nichts zu tun. Anfangs ist es auch gar nicht schlimm, wenn der junge Hund unter-

■ *Dieser Rottweiler hat schon gelernt, die Hantel zu apportieren.*

wegs das Stöckchen fallen läßt. Viel wichtiger ist das Herkommen zum Hundebesitzer, und sitzt der Hund dann noch vorschriftsmäßig ab, ist schon viel erreicht.

Falsch ist es, wenn man immer wieder ein neues Stöckchen wegwirft. Das lehrt den Hund nicht, daß einzig und allein ein bestimmtes Bringsel gemeint und zum Herrn zu tragen ist. Apportieren bedeutet nun einmal »Herbeitragen«, und das muß bereits dem jungen Hund in angemessener Form verständlich gemacht werden.

Mag der junge Hund nicht begeistert seiner Spielhantel nachrennen, so kann man ihn motivieren, indem man die Hantel an einer Schnur befestigt, die man hin- und herschwenkt. Es gibt kaum einen Hund, der diese »Beute« nicht unbedingt fangen möchte!

Den wenig fang- und spielfreudigen Hund kann man auch mittels eines weggeworfenen Knochens oder eines mit Fleisch eingeriebenen Bringholzes überlisten: Einen solchen Apportiergegenstand wird sich der Hund sicher nicht entgehen lassen!

Auslassen

So früh wie möglich sollte der junge Hund mit dem **Kommando »Aus«** ver-

traut gemacht werden. Auf dieses Kommando muß er unverzüglich alles aus dem Fang fallen lassen, loslassen oder hergeben. Natürlich widerstrebt es der Natur des Hundes, einen in seinem Besitz befindlichen Gegenstand herzugeben, den er sich vielleicht gerade mühsam erkämpft hatte. Es bedarf besonderer Konsequenz und Zähigkeit des Hundehalters, doch er muß auf der Ausführung dieses Befehls beharren, um späteren unliebsamen Ereignissen vorzubeugen.

Läßt sich der Hund nach Heranrufen die Hantel, einen alten Schuh und anderes ohne weiteres abnehmen, erhält er natürlich eine Belohnung. Kommt er aber schon nicht willig herbei, muß man – wie zuvor bereits beschrieben – zunächst mit der langen Leine üben, um ihn am Weg-

■ *Beutemachen ist herrlich – doch auf den Befehl »Aus« muß der Hund alles hergeben! Diese Übung erfolgt deshalb schon im Welpenalter.*

rennen zu hindern, aber auch, um ihn heranholen zu können. Auf Experimente sollte man sich gar nicht erst einlassen – ein zweites Mal Verweigern ist schon ein Mal zuviel.

Kommt der Hund herbei, läßt sich aber auf das Kommando »Aus« nicht bewegen, den Gegenstand, den er gerade im Fang hält, herzugeben, muß ein kleiner Trick helfen. Der Hund wird zum Sitzen aufgefordert, was er schon beherrscht.

Gleichzeitig mit dem »Aus« hält man ein Leckerle vor seine Nase – und schon läßt er den Gegenstand aus, denn er muß sein Maul frei haben, um den Leckerbissen aufzunehmen. Diese Methode bewährt sich sogar bei von Menschenhand aufgezogenen Wölfen, die nach der Austauschaktion schließlich nur noch einen Schnipsel Tempotaschentuch im Fang haben!

Damit dem Hund das Auslassen (natürlich auch ohne Verabreichung eines Leckerbissens) in Fleisch und Blut übergeht, empfiehlt sich tägliches Üben mit der Hantel oder dem Loslassen des Sackes oder eines alten Sockens, an dem gerade begeistert gezerrt wird. Achten Sie darauf, mit verschiedenen Gegenständen zu üben, damit der Hund den Befehl nicht nur mit der Hantel verknüpft!

Hundeführerschein zum verkehrssicheren Begleithund

Breitensport – in welcher Form auch immer – dient letztlich nicht in erster Linie der Befriedigung sportlicher Ambitionen. Außer der Freude am Training auf dem Hundesportplatz oder in der Hundeschule soll eine Folgsamkeit des Hundes resultieren, die im täglichen Leben mit all den vielfältigen Gegebenheiten sinnvoll und nützlich ist.

Der Welpe wurde bereits in der Welpenspielgruppe mit vielen Umweltsituationen vertraut gemacht; darauf aufbauend kann später u. a. die Prüfung zum verkehrssicheren Begleithund abgelegt werden. Ziel dieser Prüfung ist, daß der Hund den heutigen Verkehrsverhältnissen ruhig und gelassen begegnet. Das bedarf einer längeren Übungs- und Vorbereitungszeit, und über die eigentliche Nervenfestigkeit hinausgehend muß der Hund seinem Besitzer gut gehorchen. Die Prüfung setzt sich aus einem **A-Teil** und einem **B-Teil** zusammen: A = Unterordnungsleistungen des Hundes; B = korrektes Verhalten in Situationen im öffentlichen Verkehr.

Vor der Prüfung in der belebten Stadt und im Verkehr muß jeder einzelne Hund

> Gehorsam und korrektes Verhalten in Situationen im öffentlichen Verkehr sind für den verkehrssicheren Begleithund gleichgewichtige Prüfungspunkte.

dem Wertungsrichter auf dem Übungsplatz demonstrieren, daß seine Unterordnung perfekt ist. Da Hunde aus verschiedenen Vereinen an der Prüfung teilnehmen, könnte das den Hunden des eigenen Vereins Heimvorteile bieten. Andererseits verleitet das routinemäßige Arbeiten auf dem gewohnten Platz vielleicht eher zu Fehlern, die dem Hund eines auswärtigen Vereins infolge der für ihn notwendigen, erhöhten Aufmerksamkeit weniger unterlaufen. Ein vorheriges Üben an neutralen Orten ist deshalb empfehlenswert.

Mancher Prüfling muß zum zweiten Teil der Prüfung in der Stadt gar nicht mehr antreten, weil seine Leistungen auf dem Übungsgelände nicht zufriedenstellend waren. Ein Hund, der nicht bei lose durchhängender Leine ordentlich bei Fuß geht oder, wenn er abgelegt wurde, seinem sich entfernenden Besitzer nachläuft, hat keine Chance, die Prüfung zu bestehen. Die Anforderungen hinsichtlich

■ *Das Beherrschen des Bei-Fuß-Gehens ist eine Grundvoraussetzung zum Bestehen der Prüfung zum verkehrssicheren Begleithund.*

der Gehorsamsübungen sind sehr hoch angesetzt; sie entsprechen etwa denen für Schutzhunde (SchH I).

Zu Beginn der Prüfung begeben sich jeweils zwei Hundeführer mit ihren Hunden auf den Übungsplatz und melden sich beim Richter als zur Aufgabe angetreten bzw. bereit. Während der eine Hund mit seiner Lektion beginnt, wird der andere in einiger Entfernung abgelegt, und er muß bis zum Beginn seiner Prüfung auf einem bestimmten markierten Punkt dort ausharren.

◼ Gehorsam an der Leine

Der erste Teil der Gehorsamsprüfung wird an der Leine ausgeführt, wobei der Hund stets an der lockeren Leine die jeweiligen Befehle befolgen muß. Ein Herumziehen des Hundes und Zerren des Führers an der Leine gilt nicht als Aufgabenbewältigung und kein Richter wird sich von einer solchen Vorführung täuschen lassen.

Aus dem Kommando »Sitz« heraus setzt sich der Hundeführer in Bewegung. Wie allgemein im Hundesport üblich, befindet sich der Hund an der linken Seite seines Besitzers, der mit dem linken Fuß zuerst antritt unter Geben des Kommandos »Fuß«. Bei korrekter Ausführung befindet sich die Schulter des Hundes in gleicher Höhe mit dem linken Bein des Hundeführers.

Es erfolgen Wendungen um 90 Grad nach rechts oder links und Kehrtwendungen, wobei sich der Hundeführer aus der Gehbewegung um 180 Grad dreht. Der Hund vollzieht die Wendung, indem er hinter dem Rücken des Herrn um diesen herumgeht und an dessen linker Seite weiter zügig voranschreitet. Durch das Einlegen verschiedener Gangarten (langsam und schnell gehen, laufen) wird der Hund stets zur Aufmerksamkeit angehalten.

Schließlich hat der Prüfling – immer noch angeleint – zwischen einer Personengruppe hindurchzugehen und nach einer Wendung innerhalb der Gruppe die »Sitz«-Position einzunehmen.

◼ *Das Kommando »Sitz« ist auch hier wieder eine selbstverständliche Forderung.*

Gehorsam ohne Leine

Nach Abnehmen der Leine folgt der Hund seinem Herrn wiederum aus dem »Sitz« und geht bei Fuß. Wenn der Hundeführer nach wenigen Schritten stehenbleibt, bedeutet das für den Hund automatisch »Sitz«.

■ *Etwas für Fortgeschrittene ist die kombinierte Übung »Platz« und »Bleib«.*

■ *Jeder Hund – ob Rassehund oder Mischling– kann eine Ausbildung zum »verkehrssicheren Begleithund« absolvieren.*

■ *Der Hund muß bei dieser Ausbildung lernen, ruhig und gelassen »bei Fuß« an fremden Personen vorüberzugehen.*

Während der verschieden schnellen Bewegungsphasen gibt ein Helfer zwei Pistolenschüsse ab, die den Hund nicht sichtbar beeindrucken dürfen. Das schußfeste Tier setzt seinen Weg unbeirrt fort. Auch bei der Vorführung ohne Leine legt der Hundeführer verschiedene Wendungen ein.

Nach einem weiteren »Sitz«-Kommando entfernt sich der Hundeführer einige Schritte vom Hund weg und verharrt einen Moment stehend, um dann wieder auf sein Tier zuzugehen; es erfolgt das Kommando »Fuß«, wobei der Hund um den Führer herumgehen muß, um links bei Fuß weitergehen zu können.

Aus der Position »Platz« ruft der Hundeführer, nachdem er sich ein Stück entfernt hat, den Hund mit dem Kommando »Hier« ab. Es erfolgt ein kurzes Belobigen, der Befehl »Bei Fuß«, das Anleinen des Hundes und schließlich das Abmelden beim Wertungsrichter.

Während der soeben geprüfte Hund sich nunmehr abseits ablegen läßt, beginnt für den nächsten Kandidaten das gleiche Ritual in der Abfolge der gestellten Aufgaben.

■ Verkehrstüchtigkeit

Im Verhältnis zur Unterordnung auf dem Übungsplatz läuft die Verkehrsprüfung in der Stadt weniger schematisch und eher locker ab. Der Prüfende gibt sich meist viel Mühe, durch ein Gespräch Hundeführer und Hund zu beruhigen. Dabei versäumt er aber nicht, mit einem Schreibblock zu gestikulieren, um so bereits die Reaktion des Hundes zu beobachten, der sich auch nun in allen Situationen wohl interessiert, aber absolut ruhig und keinesfalls etwa angriffslustig zeigen soll.

Auch wenn Hundebesitzer und Hund, auf dem Bürgersteig gehend, von einem Radfahrer überholt werden, der vorher ziemlich laut klingelt, darf der Hund nicht erschrecken oder verängstigt zur Seite springen. Der Prüfling wird mit allen im Straßenverkehr möglichen Situationen konfrontiert, denen er gleichermaßen gelassen begegnen sollte. Er muß also hupende Autos, vorbeifahrende Lastwagen und knatternde Motorräder ebenso gelassen tolerieren wie Kinder, die mit dem Dreirad auf dem Bürgersteig unterwegs sind.

Schwer zu erlernen ist für die meisten Junghunde das gelassene Vorübergehen an anderen Hunden. Dieser wichtige Punkt sollte deshalb gründlich trainiert werden. Wenn man bedenkt, wie unangenehm ein Spaziergang durch die Stadt

■ *In der Stadt wird das richtige Verhalten des Hundes geübt: Hier muß er gelassen an einem anderen Hund vorbeigehen, ohne dabei an der Leine zu zerren.*

■ *Ein überholendes und klingelndes Fahrrad darf den Hund nicht aus der Ruhe bringen, wenn er die Prüfung zum verkehrssicheren Begleithund bestehen soll.*

🟧 *Ohne Leine »bei Fuß« und unbeeindruckt zwischen Menschen hindurchgehen – das beherrscht der Begleithund perfekt.*

verläuft, wenn der Hund bei jedem Artgenossen, den er sieht, wie verrückt an der Leine zerrt, fällt einem das Training leicht!

Das Simulieren eines Einkaufs gehört ebenfalls zur Aufgabenstellung. Dazu bindet man den Hund an einem Tor, Pfosten o. ä. an und geht für einige Zeit außer Sichtweite des Tieres, das wahlweise stehen, sitzen oder liegen kann. Ohne zu bellen oder sich sonstwie ungebührlich aufzuführen, wird Herrchens Rückkehr erwartet, und auch ein anderer, vorüberlaufender Hund darf den Wartenden nicht aus der Fassung bringen.

Das brave Verhalten wird damit belohnt, daß der Hund anschließend im

> Die Prüfung zum verkehrssicheren Begleithund darf der Hund frühestens im Alter von 12 Monaten ablegen.

nahegelegenen Park frei laufen darf. Nach etwa fünf Minuten erfolgt das Ab- bzw. Zurückrufen, dem prompt Folge zu leisten ist, was mit dem Absitzen vor dem Hundeführer endet.

Die Mühe der vergangenen, arbeitsreichen Monate zur Vorbereitung auf die Prüfung zum verkehrssicheren Begleithund wird mit der Aushändigung einer Urkunde belohnt – und mit dem guten Gefühl, daß man sich im Verkehr auf seinen gehorsamen Hund verlassen kann!

Agility – Spiel und Spaß für zwei

Nach den Welpenspieltagen hat der Hundehalter die Möglichkeit, mit seinem Vierbeiner in ein weiterführendes Junghundetraining überzuwechseln. Der Agility-Begabte kann nun sorgsam mit den ersten Hindernissen vertraut gemacht werden. Sprünge bleiben für Hunde, die noch im Wachstum sind, allerdings tabu!

■ Was ist Agility?

Alles was Furore macht, bedarf einer Reglementierung. Das Agility-Reglement der Fédération Cynologique Internationale (oberste Hunde-«Behörde» mit Sitz in Brüssel) beschreibt Agility folgendermaßen:

Ein noch junger Sport

Während man vor noch nicht zwei Jahrzehnten die Bezeichnung Hundeplatz oder Hundesportplatz ausschließlich mit der Ausbildung eines Hundes zum Schutzhund assoziierte, weiß heute jeder mit der Erziehung eines Hundes Betraute, daß auf diesen Plätzen das Angebot der Betätigung mit dem Vierbeiner kaum

»Die Agility ist eine Disziplin, die allen Hunden offensteht. Sie besteht darin, die Hunde verschiedene Hindernisse überwinden zu lassen, mit der Absicht, ihre Intelligenz und ihre Gewandtheit zu erproben. Es handelt sich um ein erzieherisches und sportliches Spiel, welches ihre gute Einfügung in die Gesellschaft begünstigt. Diese Disziplin setzt eine gute Harmonie zwischen dem Hund und seinem Führer voraus und endet in perfektem Einvernehmen in ihrer Gruppe. Es ist also notwendig, daß die Teilnehmer die elementaren Grundlagen von Erziehung und Gehorsam beherrschen«.

noch Wünsche offenläßt. Die Hundesportvereine haben die Zeichen der Zeit erkannt und für den Hundehalter eine breit gefächerte Angebotspalette geschaffen, die es sinnvoll macht, mit Rassehunden und Mischlingen jeder Größe und fast jeden Alters den Weg zum Hundeplatz einzuschlagen.

■ *Sprung über die Mauer bzw. den Viadukt.*

Am Anfang stand der Gebrauchshundsport

Gebrauchshundrassen – allen voran der Deutsche Schäferhund – fanden hauptsächlich im Polizeidienst Einsatz. Daraus resultierte auch um die Jahrhundertwende die Gründung des »Vereins zur Förderung der Zucht und Verwendung des Polizeihundes«, später 1. Polizeihundverein genannt (PHV). Die öffentliche Anerkennung blieb dem Gebrauchshundewesen jedoch lange Zeit versagt. Weitere Polizei- und Schutzhundverbände fanden 1933 ihren Niederschlag in der Fachschaft für das Schutz- und Dienstgebrauchshundwesen.

Nach dem Zweiten Weltkrieg und dem Verbot jeglicher Vereinsgründung mußten sich die Freunde des Hundesports völlig neu orientieren und organisieren. Für den 1. Polizeihundverein übernahm nach dem Zweiten Weltkrieg der neugegründete Deutsche Verband der Gebrauchshundsportvereine (DVG) die Rechtsnachfolge.

Mit dem Zusammenschluß der Vereinigung der Landesverbände für das Deutsche Gebrauchshundewesen (VLDG) und dem Deutschen Verband der Gebrauchshundsportvereine (DVG) zum Deutschen Hundsportverband (dhv) waren zunächst die Weichen für eine Beschäftigung mit dem Hund auf breitensportlicher Basis gestellt, deren Realisierung und volle Anerkennung durch die Hundehalter jedoch erst in den letzten Jahren bemerkenswert Gestalt annahm.

Der Deutsche Hundsportverband zählt heute über 100 000 Mitglieder und bietet vielseitige Ausbildungsmöglichkeiten an. Die Basisausbildung für Hund und Halter gipfelt im sogenannten Team-Test.

Großen Raum nimmt die Ausbildung zum Begleithund ein; sportliche Hundehalter frönen dem Tunierhundsport; die Schutzhundausbildung zeigt in den letzten Jahren eine rückläufige Tendenz, wird aber weiter zusammen mit der Wachhund- und Fährtenhund-Ausbildung gepflegt; für jugendliche Hundesportbegeisterte eignet sich die Disziplin Flyball, die dem spiel- und apportierfreudigen Hund entgegenkommt. Und allen sportlich ambitionierten Hundehaltern bietet Agility die Möglichkeit, mit ihrem Hund eine ganz neue Form des Hundesports kennenzulernen.

> Auch für den künftigen Agility-Hund ist das vorausgehende Unterordnungstraining ein unabdingbares Muß!

■ Entstehungsgeschichte

Die Crufts Dog Show

Die auf dem Vormarsch begriffene Agility-Bewegung verdanken wir eigentlich einer Zufallsdarbietung. Auf der Crufts Dog Show in England im Jahre 1977 zeigte man den Besuchern, wie Hunde einen Hindernisparcours bravourös bewältigen, was sogleich Begeisterte auf den Plan rief, die an dieser Darbietung herumfeilten und sie verbesserten. Aus dieser Begeisterung für einen neuen Hundesport rekrutierten sich binnen kurzer Zeit Agility-Vereine, denn so nannte man diese Art der Freizeitgestaltung mit dem Hund, die nun nicht mehr aufzuhalten war und bald auch hierzulande Fuß faßte.

Gehorsam als oberstes Gebot

Leider endet für zahlreiche Hundebesitzer die Erziehung des Welpen mit der zur Stubenreinheit, weil dies ihren ureigensten Interessen entspricht. Nach dem Motto: »Alles andere wird der Hund schon irgendwie lernen« befleißigt man sich keiner besonderen Erziehungsmethode, beklagt aber gleichzeitig, daß der Vierbeiner »dies und das« einfach nicht lernt. In den meisten Fällen beinhaltet diese Hundehalterklage, daß der Hund nicht kommt, wenn er gerufen wird. Ein solcher Hund könnte niemals am Agility-Sport teilnehmen.

Für den künftigen Agility-Hund ist Unterordnungstraining ein unabdingbares Muß. Gehorsamsübungen wie »Bei-Fuß«-Gehen, »Platz« machen, Warten, bis ein bestimmtes Kommando gegeben wird, Herankommen auf Ruf und Voraussenden müssen in Fleisch und Blut übergehen.

Üben in der Gruppe

Spielen mit dem Hund, Gehorsamsübungen absolvieren und anderes mehr kann man sozusagen auf sechs Beinen. So richtig Spaß macht das alles aber erst dann, wenn sich Gleichgesinnte in einer

Gruppe zusammenfinden – und damit sind wir wieder beim Hundesportplatz gelandet. Hier sind sowohl in der Erziehung des Hundes erfahrene Hundehalter als auch Neulinge gut untergebracht. Hat der Vierbeiner die Welpenspielgruppe und das Junghundetraining absolviert, ist auch das richtige Alter für weitergehende Schritte erreicht.

In der Gemeinschaft fällt es dem jungen Hund nicht schwer, mit menschlicher Hilfestellung einen Laufsteg zu bezwin-

■ *Dieser Deutsche Schäferhund ist ein Meister seines Faches und auf Agility-Plätzen kein Unbekannter.*

gen oder, wenn Frauchen oder Herrchen genügend oft durch den Stofftunnel gekrochen sind, dieses als nachahmenswert zu empfinden. Die Bezugsperson am anderen Ende des Tunnels zu sichten, ist für den Hund ein echtes Erfolgserlebnis!

Nichts überstürzen

Obwohl schon der ganz junge Hund Agility-ähnliche Übungen spielerisch absolvieren kann, muß sich der Hundehalter in Geduld üben und darf von seinem Hund nichts verlangen, was ihn in seinem Wachstum behindern oder ihm gar gesundheitliche Schäden zufügen könnte. Dazu zählen beispielsweise freie Sprünge über zu hohe Hindernisse. Eine kleine Hürde kann der gut vorbereitete Hund hingegen schon bald angehen. Eine solche Hürde ist vom Hundehalter selbst leicht zu fertigen, indem er auf zwei Pfosten eine Querstange in niederer Höhe legt. Allerdings muß die Höhe der Stange so eingerichtet sein, daß der Hund von Anfang an nicht in Versuchung gerät, sie zu unterlaufen.

Praktisches Üben

Auch wenn der Hund das eine oder andere Hindernis ohne Schwierigkeiten bravourös nimmt, darf er während der eigentlichen Einübungszeit nicht abgeleint werden. Er darf nie in die Versuchung geraten, eigenmächtig einen Streckenabschnitt, der ihm vielleicht besonders entgegenkommt, auf dem Parcours einzuschlagen. Die Leine ist für den Hundehalter jenes Hilfsmittel, mit dem der Hund anfangs steuerbar ist. Als Halsband dient ein breites Lederhalsband; Zug- oder Kettenhalsbänder dürfen nicht benutzt werden.

Da später auf Turnieren auf Veranlassung des Richters der Parcours nicht immer in der gleichen Abfolge steht, muß der Hund von Anfang an mit den entsprechenden Kommandos für die einzelnen Übungen vertraut gemacht werden. Welche Kommandoworte der Hundeführer wählt, bleibt ihm überlassen; doch wie immer in der Hundeerziehung darf das einmal festgelegte Kommando nie mehr verändert werden. Das heißt, daß sich ein Kommando an keinem anderen Punkt

Generell gilt für alle Übungen: Wenn etwas nicht gelingt, stets einen Schritt zurückgehen und neu beginnen. Um dem Hund die Freude an diesem wirklich faszinierenden Sport zu erhalten, darf er niemals überfordert werden. Deshalb sollte man das Training für diesen Tag beenden, wenn die Ausführung einer Übung gut gelang. Die Trainingsreprisen sollen immer nur wenige Minuten, über den Tag verteilt, in den Ablauf eingebaut werden. Einige Minuten täglich sind effektvoller als ein halbstündiges Training einmal in der Woche. Und immer wieder erhält der Hund reichlich Gelegenheit zum Spielen; nur ein spielfreudiger Vierbeiner ist motiviert, einen Agility-Parcours zu meistern.

wiederholen darf. Bei dem später beschriebenen Parcours wird leicht verständlich, welches zusätzliche Repertoire an Kommandos, aber auch an Sichtzeichen ein Agility-Hund beherrschen muß. Beispiele sind »Hinauf«, »Reifen, durch«, »Hoch«, »Spring«, »Rüber«, »Fuß und raus« (beim Slalom); dann natürlich »rechts«, »links« und »geradeaus«. Kurze, prägnante Kommandos sind sinnvoll, weil der Hundebesitzer meist selbst ganz schön aus der Puste kommt!

Die für Agility zugelassenen Hindernisse werden auf S. 89–93 genau beschrieben. Dort werden auch die offiziellen Agility-Richtlinien erläutert.

Welcher Hund eignet sich für Agility?

Diese Frage ließe sich etwa so beantworten: »Jeder gesunde Hund, der für Agility die nötige Fitness mitbringt.« Doch sind hier gewiß Einschränkungen zu machen. Vor allem der Agility-Begeisterte, welcher mit einem neu zu erwerbenden Jungtier später dem Sport huldigen möchte, sollte vor dem Kauf seines künftigen Sportkameraden darüber nachdenken, daß der Agility-Hund einigen körperlichen Belastungen ausgesetzt sein wird. Hier geht es bei der Eignungsfrage mehr um die anatomische Beschaffenheit des Hundes, die dem Agility-Hund nicht nur Grenzen setzt, sondern vielmehr von vornherein das Absolvieren eines Agility-Parcours für manche Rassen als nicht sinnvoll erscheinen läßt.

Man stelle sich doch einmal einen Bernhardiner beim Durchkriechen des

Tunnels vor. Das mag ja irgendwie zu bewältigen sein. Noch weniger geschaffen sind solche großen und schweren Rassen aber für das Überspringen der verschiedenen Hürden.

> Unter Agility-Experten gilt als Regel bezüglich der möglichen Größe eines Agility-Hundes: Er sollte 70 cm Schulterhöhe nicht überschreiten.

Doch nicht nur die Größe eines Hundes spielt bei der Beurteilung eine Rolle. Das Gewicht, welches ein Hund über doch recht beachtliche Hindernisse befördern muß, ist sicher noch bedeutsamer als die Größe. Bernhardiner, Deutsche Doggen und Irish Wolfshound wird man im Agility-Parcours vergebens suchen.

Ganz vorne in der Popularität der Agility-Hunde rangieren hingegen Deutsche Schäferhunde, die schon immer imstande waren, Lauf-, Kletter- und Sprungleistungen zu vollbringen.

Der Trend, britische Hütehunde wie Collie, Bearded Collie oder Bobtail im Agility-Sport einzusetzen, mag wohl auch mit der Tatsache zusammenhängen, daß diese Art der Beschäftigung mit dem Hund in England ihren Ursprung hatte. Unangefochten bewährt sich aus dieser Gruppe der britischen Hütehunde der Border Collie – der Hund »der ersten Stunde«. Schäfer- und Hütehunde sind von ihrer ursprünglichen Verwendung her schnell und wendig, Sprünge über Schafpferche (wie auch heute noch anläßlich der Hütewettbewerbe zu bewundern) gehören zu ihren alltäglichen Aufgaben. Weitgehend selbständiges

Handeln und blitzschnelles Reagieren prädestinieren Hütehunde deshalb auch hervorragend für Agility.

Nicht ganz so häufig vertreten wie der Deutsche Schäferhund sind die Belgischen Schäferhunde auf dem Agility-Feld. Mit der allgemeinen Beliebtheit des Golden Retriever hielt diese Rasse natürlich auch Einzug auf dem Hundesportplatz und zahlreiche Golden Retriever konnten sich an der Agility-Spitze profilieren. Der Boxer ist der geborene »Sportler«; was ihm an Schnelligkeit fehlt, gleicht er durch seine zuverlässige Sprungkraft aus.

Das Nennen einiger gut für Agility geeigneter Rassen soll nun aber keine Abwertung all' jener anderen Hunde bedeuten, die sich ebenso erfolgreich in diesem Sport hervortun wie etwa Rottweiler, Dalmatiner, Airedale Terrier, Dobermann – und nicht zu vergessen die Pudel in den verschiedenen Größen.

Spätestens hier wird jedem Leser klar werden, daß ein Kleinpudel oder gar eine Zwergrasse im Agility-Sport nicht ernsthaft mit Großrassen konkurrieren kann. Deshalb wurden für Hunde mit einer Größe unter 40 cm eigene Agility-Bedingungen festgelegt. So gibt man auch den Kleinen die Möglichkeit, in diesem Sport ganz groß herauszukommen, und als Besucher eines Agility-Turniers kann man mit Vergnügen beobachten, mit welchem Elan auch die kleinen Hunde bei der Sache sind. Wegen der erforderlichen Sprungkraft sollte jedoch daran gedacht werden, daß gar zu feine Knochenstruk-

■ *Den Basset Hound wird man im Agility-Parcours vergeblich suchen; seine Fähigkeiten lebt er auf der Schweißfährte aus.*

turen im Agility-Sport leicht in Mitleidenschaft gezogen werden können.

Nur bedingt geeignet sind Hunde, die infolge ihrer anatomischen Besonderheiten unter Atemproblemen leiden (z. B. Bulldogge). Mit einem Handicap sind auch die Rassen ausgestattet, von denen gesagt wird, sie sollen möglichst wenig Treppen steigen. Gemeint sind hier die Rassen mit langem Rücken (Teckel, Basset Hound). Dackel, die nach tierärztlicher Begutachtung frei von Wirbelsäulenproblemen sind, dürfen freilich mit auf den Hundeplatz.

Rassehund oder Mischling?

Nachdem bis jetzt nur von Rassehunden die Rede war, müssen auch die im Breitensport und nicht zuletzt im Agility so erfolgreichen Mischlinge ins Feld geführt werden. Jeder Hundehalter schwört natürlich auf seinen Hund mit meist unbekanntem Vater; doch sei der Ehrlichkeit halber gesagt, daß sich außerordentliche »Sportskanonen« auch (oder gerade?) unter den Mischlingshunden befinden! Im Agility-Sport haben alle Vierbeiner im Grunde genommen die gleiche Chance – allerdings werden bei den offiziellen Turnieren auf nationaler und internationaler Ebene nur Rassehunde mit Papieren zugelassen. Was der eine Hund als natürliche Anlage mitbringt, muß der andere durch Training kompensieren. Für Mischlinge gibt es ein breites Angebot nichtoffizieller Turniere. Niemand sollte sich deshalb beim Kauf des künftigen Agility-Hundes von seinen ganz persönlichen Vorstellungen abbringen lassen. Er will den Vierbeiner schließlich ein ganzes

Hundeleben lang um sich haben und nicht nur, solange er sportlich in Hochform ist.

Empfehlenswert ist der frühzeitige Besuch von Hundeplätzen, auf deren Ausbildungsprogramm Agility steht. Dort kann man leicht beobachten, welche Hunde sich gut für diesen Sport eignen. In der Regel sind es die mittelgroßen, drahtigen, in optimaler Kondition befindlichen Vierbeiner. Da wird kein Gramm Fett zuviel gesichtet; die Hunde strotzen vor Energie. Der ideale Agility-Hund ist schnell, ausdauernd und zuverlässig.

Rüde oder Hündin?

Soll sich der künftige Agility-Sportler einen Rüden oder eine Hündin anschaffen? Diese Frage muß er letztlich – wie beim ganz »normalen« Hundekauf (also ohne sportliche Ambitionen) auch – für sich selbst entscheiden. Hündinnen sagt man im allgemeinen eine größere Anhänglichkeit Männern gegenüber nach und umgekehrt fühlen sich Rüden Frauen mehr zugetan. Hündinnen sind zudem etwas leichter zu führen und haben durch ihre geringere Größe und Körpergewicht wahrscheinlich einen Vorteil gegenüber den männlichen Vertretern der gleichen Rasse.

Dem entgegen steht die Tatsache, daß eine Hündin zweimal im Jahr läufig wird und dann Probleme besonderer Art mit sich bringt: Läufige oder trächtige Hündinnen können an von der FCI anerkannten offiziellen Prüfungen nicht teilnehmen. Andererseits ist ein Rüde das ganze Jahr über auf Brautschau aus, was aber reglementarisch unberücksichtigt bleibt.

■ *Der Deutsche Schäferhund eignet sich hervorragend für Agility.*

■ Vorbereitung des Agility-Hundes

Auch mit dem künftigen Agility-Hund soll bereits im Welpenalter all das spielerisch geübt werden, was später Bestandteil der geforderten Aufgabe ist. Dabei ist das Üben auf eingegrenzter Fläche insofern sinnvoll, als sich der Welpe nicht etwa mit einem Spielgegenstand außerhalb des Einwirkungsbereichs des Hundehalters begeben kann. Im vorangegangenen Kapitel über Welpenspieltage wurde deutlich, daß das, was der Hund im Spiel oder auf andere Weise als positiv erfahren durfte, ihm auch später in der Ausführung keine Schwierigkeiten bereitet.

Das Wegsenden läßt sich gut unter Einbeziehung des Futternapfes üben.

Dieser wird in einiger Entfernung abgestellt, der Welpe mit dem Kommando »Voraus« oder »Lauf« losgeschickt – es gibt kaum einen Welpen, der diesem verlockenden Kommando nicht Folge leistet! Allmählich vergrößert man den Abstand der Schüssel zum Hund. Hier bietet sich generell eine gute Möglichkeit, den Hund durch das entsprechende Kommando mit dem Vorauslaufen vertraut zu machen.

Später übt der künftige Agility-Hund das »Voraus«, wie auch alle anderen Aufgaben, immer wieder auf dem Parcours, wobei stets Abwechslung und nicht eintöniges Abspulen der Übungen gefragt ist. Den Abschluß bilden immer Lob und Spiel mit dem Hund. Der Agility-Hund muß beim Herkommen auf Ruf nicht vor seinem Herrn absitzen; er kommt »Bei Fuß«, und unmittelbar daran anschließend können einige »Bei Fuß«-Übungen erfolgen. Agility-Ausbilder lehnen es ab, dem Hund beim Kommando »Bei Fuß« das Gehen ausschließlich auf der linken Seite beizubringen, da es je nach Anordnung des Parcours nicht möglich ist, den Hund stets auf einer Seite gehen zu lassen.

Als Steigerung des »Bei Fuß«-Gehens sind Wendungen einzubauen, wobei der Hund nicht zu seinem Herrn sieht, wie es Vierbeiner für gewöhnlich gerne tun; er soll vielmehr auf den zu begehenden Weg schauen. Auch hier gilt: Der junge Hund darf psychisch und physisch nicht überanstrengt werden, er verliert sonst rasch den Spaß am Agility und ist nur schwer wieder zu motivieren. Beim ersten

Das eigentliche Hindernistraining sollte erst beginnen, wenn der Hund – je nach Rasse – 9 bis 15 Monate alt ist. Erst dann ist sein Skelett so gefestigt, daß das Springen keine Schäden anrichten kann. Die Zeit vorher kann gut für die Kontrolle und das Spielverhalten des Hundes genutzt werden, auch der Tunnel kann schon erkundet oder der Slalom geübt werden.

Hindernistraining ist eine Stange so niedrig aufzulegen, daß der Hund nicht darunter hindurchlaufen kann. Eine gute Übung ist auch, dem Hund vor der Hürdenstange das Kommando »Sitz« zu geben. Der Hundebesitzer geht um die Hürde herum und legt bewußt eine Pause ein. So kann er den Hund über die Hürde zu sich rufen, wobei dies – wie anfangs stets – an der Leine geschieht. Nach dem Bewältigen des kleinen Hindernisses wird der Hund gelobt und mit einem weit geworfenen Ball belohnt. Nach und nach erhöht man nun das Hindernis.

Niemals darf aus falschem Ehrgeiz des Hundehalters die Latte zu hoch gelegt werden, denn jeder Mißerfolg bedeutet einen Schritt zurück.

Bei allen – später noch im einzelnen beschriebenen – Übungen zur Bewältigung der verschiedenen Sprünge und Hindernisse heißt es immer wieder: Loben, loben und noch einmal loben. Zur Belohnung und Entspannung schließt man Spielen oder Ballwerfen an. Die Kommandos »rechts« und »links« lassen sich übrigens ebenfalls gut mit einem geworfenen Spielzeug einüben: Beim Werfen ruft man, entsprechend der Wurfrichtung, das Kommando »Links!« oder »Rechts!«.

Während des Trainings setzt der Hundeführer immer jene Hand als Handzeichen ein, die der Hund auch sehen kann, denn er muß das Kommando einer Richtungsänderung verstehen, wenn er sich im Sprung über einem Hindernis bzw. gerade in der Luft befindet. Diese Zeichengebung ermöglicht es dem Hund, sofort nach der Landung die geforderte Richtung einzuschlagen und das nächste Hindernis anzugehen.

Konditionstraining für zwei

Joggen ist für die zwei- und vierbeinigen Agility-Sportler zur Lockerung der Muskulatur das Training der Wahl. Ideal gestaltet sich die Laufstrecke, wenn der Hundebesitzer einen Weg auskundschaftet, auf dem der Hund noch einige kleine Sprünge absolvieren kann.

Es empfiehlt sich ein lockeres Lauftraining von täglich etwa drei Kilometern – womit nicht Spazierengehen gemeint ist! Der Hund bewegt sich im flotten Trab.

Das Einlegen von Schrittreprisen und auch das unvermittelte Stehenbleiben lehren den Hund, mit seinem Temperament umzugehen, denn auch später im Parcours muß er rechtzeitig bremsen können und auch auf Zuruf umkehren. Für den Agility-Hund sind blitzschnelle Reaktion und hohe Konzentrationsfähigkeit entscheidend für Erfolg oder Nichterfolg. Daß er sich durch nichts ablenken lassen darf, versteht sich von selbst.

Die Muskulatur des Hundes muß sich für die später hohen Sprünge erst entwickeln. Mit dem Junghund werden lediglich die sogenannten Grundübungen absolviert. Auch bei einem kleinen Hindernis ist darauf zu achten, daß der Hund nicht unbeabsichtigt abspringt und sich verletzt. Auch während eines ganz normalen Spaziergangs lassen sich kurze Gehorsamsübungen einfügen. Vor dem Training wärmt sich das Agility-Team kurz auf, wie es jeder andere Sportler auch tut. Vor dem Turnier geschieht nichts dergleichen; es genügt eine flotte »Bei Fuß«-Reprise mit schnellen Wendungen.

Übungen zu Hause und unterwegs

Nicht jeder Hundesportplatz bietet Agility an, und der künftige Agility-Sportler sollte sich deshalb rechtzeitig nach einer geeigneten Ausbildungsmöglichkeit umsehen. Das ist oft leichter gesagt als getan, und die zurückzulegende Entfernung zum mit geeigneten Hindernissen ausgerüsteten Platz erlaubt es oft nicht, mehrmals in der Woche zum Training zu fahren. Meist kann nur das Wochenende zur ergiebigen sportlichen Betätigung mit dem Hund unter erfahrener Anleitung eines Ausbilders genutzt werden.

Da muß sich der Hundebesitzer schon etwas einfallen lassen, um mit seinem vierbeinigen Sportsfreund auch während der Woche aktiv zu sein. Bei etwas Überlegung ist das gar nicht so schwer. Wie schon erwähnt, läßt sich schon der tägli-

Kurze, schnelle Wendungen beim Joggen zwingen den Hund zu erhöhter Aufmerksamkeit. Das kommt ihm beim Agility-Training zugute.

che Spaziergang für den Hund spannend gestalten in Form von Übungen, die letztlich auch dem Agility-Hund zugute kommen.

Dazu zählt vor allem ein Bei-Fuß-Gehen in verschieden flotten Schrittreprisen. Immer wieder ein »kurz-kehrt« und einfache Wendungen fordern den Hund zu höchster Aufmerksamkeit heraus. Selbstverständlich ist solch sportliches Marschieren nur für kurze Abschnitte des Spazierganges geeignet. Ab und zu unverhofft eingeschobenes und am Ende des flotten Gehens großes Lob halten den Hund bei Laune. Das Werfen von **Bällen**, **Stöcken** oder **Spielzeug** verhindert ebenfalls, daß der Spaziergang für den Hund langweilig wird.

So läßt sich der Vierbeiner auch während des täglichen Spaziergangs zum stets aufmerksamen Begleiter motivieren. Auf dem Agility-Parcours ist diese Aufmerksamkeit wichtig, denn dort ist für den Hund das Wahrnehmen jeder Regung und des fast unmerklich gegebenen Zeichens des Hundebesitzers für Erfolg oder Mißerfolg mit verantwortlich.

Mit etwas Geschick lassen sich auch Hindernisse improvisieren. Der große, im Boden verankerte **Autoreifen** hat sich ebenso bewährt wie eine umgelegte Tonne. Der Reifen bietet gute Trainingsmöglichkeiten für den später im Parcours hochhängenden und zu durchspringenden Reifen und letztlich auch für den zu durchlaufenden oder – je nach Größe des Hundes – zu durchkriechenden Tunnel, wenngleich das Bewältigen des Tunnels, dessen Ende für den Hund nicht einmal klar erkennbar ist, eine weitaus schwierigere Aufgabe darstellt und vom Hund ein gutes Maß an Mut und vor allem Vertrauen in seinen Herrn verlangt.

Die querliegende **Tonne** eignet sich als zu überspringendes Hindernis; mit einem über zwei Tonnen gelegten Brett lassen sich tolle Balance-Akte einüben, wie sie auch im Mobility-Parcours zu finden sind. Das Gartentörchen sollte hingegen nicht in den Hindernisparcours einbezogen werden, damit der Hund auch weiterhin auf einem möglichst ausbruchssicheren Grundstück gehalten werden kann.

Alle Hindernisse für das Üben im eigenen Garten müssen Hund und Besitzer vom Ausbildungsplatz her bekannt und geläufig sein, denn dort wird unter fachkundiger Leitung das vermittelt, was dann unter der Woche in eigener Regie weiter verstärkt werden kann.

Unbedingt zu beachten ist, daß sowohl natürliche als auch selbst gebaute Hindernisse für den Hund absolut sicher sein müssen. Das heißt, es darf keine scharfen Kanten oder absplitterndes Holz geben, das zu Verletzungen führen kann. Jeder beim Bewältigen eines Hindernisses verursachte Schmerz wirft die Ausbildung des Hundes ein weites Stück zurück und gibt zudem seiner Motivation zum Mittun einen gehörigen Knacks.

Mit umgekehrt in den Boden gesteckten **Kehrbesen** läßt sich leicht eine »Bürsten-Hürde« konstruieren. Recht einfach kann man auch den Weitsprung Marke Eigenbau herstellen und auf einem genügend großen Grundstück aufbauen. Es versteht sich von selbst, daß sich ein kleiner Garten für derlei Hindernisse und Sprünge wenig eignet. Voraussetzung für das Üben an Hindernissen zu Hause ist ein genügend großes Grundstück.

Während das Erklimmen einer schräggestellten Sprossenleiter für den Rettungshund ein unabdingbares Muß darstellt, zählt dies nicht unbedingt zum Übungsprogramm des Agility-Hundes. Ein Fehltritt, und unendlich viel Aufbauarbeit ist notwendig, um diesen wieder zu korrigieren!

◼ Die richtige Ausstattung

Für den sportlichen Hundehalter ist praktische, wetterfeste und waschbare Kleidung, die zudem atmungsaktiv sein sollte, das Richtige. Mit enger, einschnürender Garderobe würde das sportliche Tun schnell zur Qual. Festes Schuhwerk mit griffigen Sohlen ist nicht nur zweckmäßig, sondern in rutschigem Gelände unbedingt notwendig. Als »Mitläufer« muß der Hundehalter nicht nur gut in Form, sondern auch gut zu Fuß sein.

Während der Gehorsamsübungen trägt der Hund ein normales Halsband. Für den kleinen Hund eignet sich ein einfaches Lederhalsband, für den größeren ein Kettenhalsband, welches auf Zug gestellt werden kann. Selbst bei großen Rassen genügt das Einklinken in den so-

genannten »toten Ring«, wobei dennoch jegliche Einwirkung auf den Hund möglich ist. Stachelhalsbänder gehören nicht zur Ausstattung des Hundes; ihre Benutzung spricht allenfalls für die Unfähigkeit des Halters, mit dem Vierbeiner umgehen zu können. Wenn bei einem Hund ein Stachelhalsband verwendet werden muß, wurde die konsequente Erziehung in den ersten Monaten versäumt; ein auf gegenseitigem Vertrauen aufbauendes Team, das im sportlichen Wettkampf funktioniert, kann nicht auf der Basis von Zwangsmaßnahmen entwickelt werden!

Wichtig
Auf dem Agility-Parcours darf der Hund beim Turnier kein Halsband tragen. Deshalb haben erfinderische Sportler eine Halsband-Leinen-Kombination konstruiert, welche mit einem Handgriff am Start lösbar ist und nach Absolvieren des Parcours ebenso unproblematisch und schnell wieder angelegt werden kann.

Für das Agility-Training eignet sich ein breites Baumwoll- oder Nylonhalsband. Halsbänder aus Nylon-Material sind schier unverwüstlich und waschbar. Je nach Größe des Hundes variiert die Breite des Halsbandes, die Halsweite ist stufenlos verstellbar. Aus welchem Material das Halsband auch beschaffen sein mag, es muß von vornherein jegliche Möglichkeit des Hängenbleibens ausschließen. Kettenzugstücke dürfen nicht eingearbeitet sein.

■ Hindernistraining

Ein Besuch beim Tierarzt sollte vor Beginn des Trainings eindeutig abklären, daß keinerlei anatomische Mängel vorliegen, die ein Agility-Training mit dem Hund ausschließen. Auch die Röntgenuntersuchung des Hundes auf HD-Freiheit und das Nichtvorhandensein anderer Erkrankungen des Knochengerüsts sind dringend angeraten.

Hilfsmittel

Um von vornherein zu gewährleisten, daß der Hund auch den Weg durch oder über das gewünschte Hindernis einschlägt, ist das Anleinen während der Übungsphase unumgänglich. Die Leine ist das Hilfsmittel für den Hundehalter schlechthin; mit ihr kann er den Hund dirigieren und ihm auch über die Kommandos hinaus Hilfestellung geben.

Erst wenn ganz sichergestellt ist, daß der Vierbeiner auch ohne Leine keine Versuche macht, Hindernisse zu umlaufen oder sonstwie zu meiden, wird weniger von den Hilfsmitteln Halsband und Leine Gebrauch gemacht, zumal diese später auf dem Agility-Parcours nicht erlaubt sind.

Was sich während des gesamten Hindernistrainings als außerordentlich wichtig erweist, ist die Belohnung in Form von Leckerlis nach der erfolgreichen Bewältigung des jeweiligen Gerätes. Spielfreudige Hunde lassen sich auch mit ihrem Lieblingsspielzeug motivieren, etwa durch die Röhre zu laufen, und das anschließende Spielen bedeutet natürlich eine Riesenbelohnung für den Hund.

Die Belohnung oder das Spielzeug in der Hand des Hundeführers dienen zur ständigen Motivation des Hundes während der Einübungsphase. Später muß die Verabreichung von Belohnungshappen schon deshalb eingeschränkt und gelegentlich weggelassen werden, weil es dem Hundeführer auf dem Parcours während des Wettkampfes untersagt ist, ein Spielzeug o. ä. auch nur in der Hand zu halten. Hier muß dann alles wie am Schnürchen laufen – auch ohne Hilfsmittel.

Hunde, die schon vom Welpenalter an mit dem Hundeplatz vertraut sind, kennen natürlich auch schon einige Hindernisse, die später im Agility-Sport vorkommen. Für sie bedeutet das Durchlaufen des festen Tunnels keine Schwierigkeit mehr, denn voller Vertrauen zu seinem Besitzer ist der junge Hund schon bald durch den Tunnel gerannt, wenn am anderen Ende der geliebte Besitzer wartete. Diese Hunde haben in jedem Fall einen Vorteil gegenüber den Neulingen auf dem Hundeplatz, auch was den Umgang mit Artgenossen angeht. Die Hindernisse bzw. das Training werden so beschrieben, wie sie dem körperlichen Zustand des jungen Hundes entgegenkommen. Das heißt Tunnel und Slalom zu Anfang des Trainings und die Sprünge über Hürden erst dann, wenn der Hund ausgewachsen ist und Sehnen und Bänder sowie die gesamte Muskulatur entsprechend gefestigt sind.

Wie oft trainieren?

Wer Agility nicht als reine Beschäftigung mit dem Hund bzw. Freizeitbeschäftigung sieht, sondern bei entsprechender Eignung des Hundes beabsichtigt, später an Agility-Wettbewerben teilzunehmen, muß drei Trainingseinheiten in der Woche ansetzen. Generell ist zu beachten, daß die einzelnen Trainingssequenzen nur so lange dauern dürfen, wie der Hund sichtlich Freude an der Arbeit hat. Bei augenscheinlichem Ermüden wurde der Hund eindeutig überfordert und es ist Aufgabe des Hundebesitzers, die Grenzen abzustecken, um den Hund bei Lust und Laune zu halten. Der eigene Ehrgeiz des Hundehalters muß immer hintangestellt werden.

Wenn ein Hindernis gut bewältigt wurde, ist keinesfalls immer und immer wieder die gleiche Aufgabe zu fordern, auch wenn es zunächst den Anschein erweckt, als könne der Vierbeiner gar nicht genug bekommen. Solche Sports-Typen sind durchaus keine Seltenheit und bedürfen der ganz besonderen Beobachtung des Trainers, um Überbeanspruchungen vorzubeugen.

Deshalb: locker beginnen und niemals zu viel von dem Vierbeiner verlangen – weder von dem jungen noch von dem erwachsenen Hund.

Daß alle Geräte absolut standfest und entsprechend gesichert sein müssen, versteht sich eigentlich von selbst. Gerade bei dem anschließend besprochenen festen Tunnel stelle man sich vor, in welche Panik der darin befindliche Hund geraten würde, wenn sich die Röhre rollend in Bewegung setzt, weil sie nicht genügend befestigt wurde. Dieser Hund müßte schon von Natur aus mit einem ganz besonders robusten Nervenkostüm ausgestattet sein, wenn er ohne Probleme

noch einmal in den Tunnel gehen würde! Es wird vielmehr so sein, daß er nur mit allergrößter Geduld nochmals dazu bewegt werden kann, den Tunnel zu betreten. Das gilt natürlich bei allen anderen Geräten auch, wenn sie jemals mit für den Hund unangenehmen Empfindungen verbunden waren.

> Die Freude des Hundes muß bei allen sportlichen Betätigungen vorherrschen! Deshalb sollten Sie nie zuviel Einsatz verlangen.

Neben dem Kommando ist das Zeigen mit dem Arm – das richtige »Einweisen« – von eminenter Wichtigkeit. Es muß immer so erfolgen, daß der Hund den zeigenden Arm seines Besitzers auch sehen kann; ein durch den eigenen Körper verdeckter Arm bringt dem Hund wenig Hilfe.

Alle Hindernisse sollen einmal von rechts und einmal von links angegangen werden – so, wie es auch später ein Wettbewerbs-Parcours erfordert.

Fester Tunnel

Der Tunnel hat für den Hund vom Eingang der Röhre bis zum Ende gewaltige Längenausmaße. Man muß ihn aber zunächst gar nicht mit dieser bedrohlichen Röhre konfrontieren, denn der Tunnel kann bis etwa auf die Größe eines Fasses zusammengeschoben werden – so sieht das Ganze schon weitaus weniger gefährlich aus. Außerdem benötigt der Hundeführer für den solcherart verkürzten Tunnel nicht unbedingt eine Hilfsper-

■ *Der Besitzer muß seinen Hund geduldig durch den Tunnel locken.*

■ *Wie groß ist die Freude, wenn der Hund seinen Besitzer am Ende des Tunnels erblickt!*

son. Er legt den Hund vor der Öffnung ab, wirft die Leine durch die Röhre und begibt sich an das andere Ende des Tunnels. Mit Futter oder einem Spielzeug wird der Hund durch die Öffnung gelockt. Da es in der Röhre ziemlich widerhallt, sollte ein Hineinrufen vermieden werden. Die Leine hält man natürlich fest; wenn der Hund aber nicht geneigt ist, zu kommen, darf sich der Hundeführer keinesfalls dazu verleiten lassen, daran zu ziehen. Gewalt verstärkt nur den Widerstand des Hundes. Kommt der Vierbeiner willig durch die Röhre bzw. das faßartige Gebilde, wird er mit Lob, Leckerli und Spiel belohnt. Da merkt sich das Kerlchen natürlich: Am Ende des Tunnels erwarten mich ja nur Annehmlichkeiten – warum also zögern! Zeigt der Hund generell Angst, in die Röhre zu

gehen, wird ihm das so lange mit Auslegen von Leckerchen im Tunnel schmackhaft gemacht, bis er ganz hindurchläuft. Das klappt in der Regel außerordentlich gut.

Es gibt auch spezielle Trainingstunnel, die oben einen etwa 10 cm breiten Schlitz haben. Das ermöglicht es, den Hund an der Leine sanft durch den Tunnel zu führen.

Nach diesen Vorübungen läuft der Hundeführer neben dem Hund her und gibt vor dem Tunnel das entsprechende Kommando. Das kann sein »Tunnel«, »Durch« oder was auch immer der Hundebesitzer bevorzugt. Aber auch hier gilt wie bei allen anderen Geräten: das einmal gewählte Kommando muß ein für allemal beibehalten werden. Bei der Vielzahl der Kommandos, die beim Absolvieren des Parcours nötig sind, empfiehlt es sich jedoch, ein Kommando zu wählen, das man mit dem entsprechenden Gerät verbindet – hier also »Tunnel«. Sobald der Hund unbeschwert und freudig durch den verkürzten Tunnel läuft, ist der Zeitpunkt gekommen, diesen nach und nach auf die volle Länge auseinanderzuziehen. Zögert der Hund wider Erwarten, wird der Tunnel noch einmal entsprechend verkürzt.

> Geduld ist das Wichtigste beim Agility-Training!

Viele Tunnel sind biegbar; es läßt sich eine Schlangenlinie formen, aber auch ein Bogen bilden, wie er später im Agility-Turnier häufig anzutreffen ist.

Mit dem Hör- und Sichtzeichen wird der Hund nun in den Kurven-Tunnel geschickt, d. h. das Kommando ertönt nicht erst, wenn er bereits drinnen ist!

Der Hundebesitzer muß jetzt schnell reagieren, denn am Tunnelausgang soll der Hund ja mit einem Leckerle oder Spielzeug empfangen werden. Die Wichtigkeit des Einweisens in den Tunnel wird spätestens dann verständlich, wenn der Hund bereits imstande ist, mehrere Hindernisse hintereinander zu bewältigen. Dann müssen klare Anweisungen für das nächste Hindernis kommen.

Problematisch kann es noch einmal werden, wenn der Hund durch die starke Biegung des Tunnels das andere Ende nicht mehr sieht. Zögert er durchzugehen, heißt die Devise: Zwei Schritte zurück, d. h. den Bogen etwas »begradigen«.

Stofftunnel

Im Grunde stellt nach dem sicheren Durchlaufen des festen Tunnels der Stofftunnel für den Vierbeiner kein besonderes Problem dar, wenn einige Punkte beachtet werden. So darf der Hund keinesfalls schräg durch den Stofftunnel laufen, weil er sich dabei im Stoff verheddern könnte. Er würde dann regelrecht

In den Stofftunnel hineinzukriechen ist für die Hunde besonders unangenehm, weil sie das Ende des Tunnels nicht erkennen können.

Platzangst bekommen, weil er die Tunnelöffnung nicht sehen kann. Am Anfang ist deshalb eine Hilfsperson für das Halten und Einweisen des Hundes am Tunneleingang nützlich.

Auch der Stofftunnel läßt sich zunächst auf ein Minimum zusammenschieben; durch das Hochhalten des Stoffes wird die Öffnung sichtbar gemacht. Licht am Ende des Tunnels: das kennt der Hund, und er weiß ja von der vorangegangenen Übung durch den festen Tunnel, daß ihn dort Lob erwartet. Stück für Stück erfolgt dann das Verlängern des Stofftunnels und das vorsichtige Verkleinern der Öffnung. Es dauert mitunter etwas länger, bis sich der Hund an die Berührung durch den Stoff gewöhnt hat. Umsichtiges Vorgehen ist hier angesagt.

Macht der Hund hingegen Schwierigkeiten, aus dem Stoffende des Tunnels hinauszugehen, läßt sich das Ganze auch umgekehrt gestalten, indem ihm die groß zur Öffnung bereitete Stoffseite als Eingang angeboten wird; wenn er diese akzeptiert, hält der Helfer das Stoffende fest zusammen, so daß der Hund gerne das offene, lichte Ende zum Herauslaufen nutzt.

Der Stofftunnel muß stets gerade ausgelegt sein, um möglichen Verwicklungen des Hundes mit dem Stoff vorzubeugen, und es dürfen keine Rufe von der Seite an das Ohr des Hundes gelangen, die ihn veranlassen könnten, dort den Ausgang zu suchen.

Sollte trotz aller Vorsichtsmaßnahmen eine unangenehme Konfrontation mit der Stoffröhre stattfinden, ist schnellstes Handeln seitens des Hundeführers vonnöten. Ob für diesen Tag die für den Hund unheimliche Röhre gemieden werden sollte, hängt auch mit dessen Empfindlichkeit zusammen.

Slalom

Der Slalom ist sicher das schwierigste und auch das zeitaufwendigste Hindernis. Hier muß der Hund zwar keine hohen Sprünge absolvieren, aber er muß doch seinen Rücken ganz schön verbiegen, um am Ende den Slalom vorschriftsmäßig zu durchlaufen. Zu früh sollte deshalb auch mit dieser Übung nicht begonnen werden.

Für den Slalom läßt sich sagen: »Viele Wege führen nach Rom«, denn es gibt verschiedene Möglichkeiten, dieses Hindernis zu üben. Bis zur perfekten Ausführung muß der Slalom häufig geübt werden, weshalb es sich anbietet, ihn im Garten mittels stabiler Besen- oder Schrubberstiele selbst aufzubauen. Die Stangen werden auf einen Meter verkürzt und mit einem Hammer in den Boden geschlagen – fertig ist der Slalom für zu Hause. Die zwei gängigsten Übungsmethoden sollen im folgenden beschrieben werden.

1. Zwei Eisenschienen mit fest montierten Stangen werden so aufgestellt, daß die eine Schiene um einen halben Meter von der anderen zurückgesetzt ist, das heißt, die Stangen sind gegeneinander versetzt. Den gleichen Effekt erreicht man auch mit in den Boden gesteckten Slalomstangen, die dann aber ebenso versetzt stehen müssen. Zwischen den beiden Stangenreihen entsteht so eine Gasse von etwa 50 cm Breite. Mit kurzer, senkrecht nach oben gehaltener Leine

leitet der Hundeführer seinen Hund durch die Gasse. Am Ende der Gasse ist großes Loben und Spiel angesagt. Durch die kurze Leinenführung ist ein Ausbrechen des Hundes nicht möglich. Der Hundeführer befindet sich bei dieser Übungsmethode außerhalb des Slaloms. Andere Ausbilder bilden eine breitere Gasse und durchlaufen selbst mit dem Hund die Strecke.

Nun kann ein Helfer den Hund in Höhe der ersten Stange halten, während der Hundeführer sich durch die Gasse begibt und am Ende seinen Hund abruft. Loben und mit dem Spielzeug spielen bilden auch hier den Abschluß.

Nach dem Ableinen des Hundes soll sich nun zeigen, ob er die Slalomübung begriffen hat. Der Hundeführer schickt ihn in die Gasse, er selbst läuft nebenher. Um hier einem vorzeitigen Ausbrechen des Hundes vorzubeugen, kann man an feststehenden Slalomhindernissen jeden möglichen »Ausschlupf« mit nach außen stehenden Metallbögen sichern.

Ist eine solche Ausbruchsicherung nicht vorhanden und der Hund hat das ausgenutzt, bleibt dem Hundeführer nichts anderes übrig, als den Hund unverzüglich noch einmal durchzuschicken oder sicherheitshalber auf die Leinenübung zurückzugehen. Der kluge Vierbeiner wird bald merken, daß die Belohnung erst am Ende des Slaloms fällig ist

Allmählich kann nun die Gasse zentimeterweise verschmälert werden, bis sich der Hund schließlich schlängeln muß, um

Der Slalom ist eines der schwierigsten Hindernisse im Agility-Parcours. Am Ende steht auch hier stets die Belohnung.

hindurchzugelangen. Jeder Mißerfolg bedeutet: im Übungsprogramm wenigstens einen Schritt zurückgehen.

2. Viele Ausbilder wählen die »direkte« Slalommethode, wobei der Slalom zuerst mit vier, dann mit sechs bis hin zu zwölf Stangen geübt wird. Es ist verständlich, daß diese Methode vom ersten Schritt an nur mit einem vorgehaltenen Leckerli funktioniert, welches sich in der geschlossenen Hand direkt vor der Nase des Hundes befindet und diesen motiviert, zur Erreichung des begehrten Leckerbissens die geforderten Schlangenlinien zu vollführen. Dazu ist es erforderlich, die Hand tief zu halten, damit sich der Hund neben dem Hinschauen auf das Leckerchen auch noch auf die zu umlaufenden Stangen konzentriert. Diese Übung entbehrt nicht einer gewissen Anstrengung für den Hundeführer. Besonderes Lob am Schluß des Slaloms darf auch hier nicht fehlen.

Später bewirkt lediglich die vorgehaltene Hand ein Folgen des Hundes durch den Slalom. Aber auch das wird immer mehr reduziert, bis der perfekte Agility-Hund den Slalom selbständig absolviert. Beim Slalom ist, ebenso wie bei allen Hindernissen, die Führung des Hundes auf beiden Seiten von Anfang an wichtig.

Laufsteg

Mit dem Laufsteg kann auch der junge Hund schon Bekanntschaft schließen, denn obwohl sich die Lauffläche in für den Hund schwindelnder Höhe befindet, bedeutet dieses Hindernis keine großen Belastungen für Knochen und Gelenke. Ein Herunterspringen muß durch Unterstützung von zwei Helfern verhindert werden. Sofern es möglich ist, das Gerät niedriger einzustellen, empfiehlt sich dies zumindest in der Anfangsphase der Übung.

> **Wichtig**
> Das Berühren der Kontaktzonen mit der Hundepfote darf von Anfang an nicht vernachlässigt werden!

Beim Laufsteg wie auch bei den anderen Hindernissen mit Kontaktzonen ist von Anfang an darauf zu achten, daß dieser – meist rot gekennzeichnete Teil – vom Hund nicht einfach übersprungen wird. Die Kontaktzone ist zumindest mit einer Pfote zu berühren. Das ist wichtig, weil später beim Turnier das Überspringen der Kontaktzonen mit Punkteabzug bestraft wird. Es ist deshalb stets darauf zu achten, daß der Hundeführer und nicht der Vierbeiner selbst das Tempo bestimmt.

Das Kommando »Langsam« sollte nicht nur hier dem Hund in Fleisch und Blut übergehen; es dient generell als Bremse, wenn das Tempo gar zu forsch angegangen wird und damit Fehlerquellen vorprogrammiert sind.

Auf dem Laufsteg wird die Leine sicherheitshalber entfernt, das Halsband verbleibt. Um dem Kommando »Langsam« Gewicht zu verleihen, darf man den Hund nun aber keinesfalls am Halsband bremsen. Dadurch würde er nur noch mehr nach vorne drängen. Statt dessen wendet man sich dem Hund zu und hält

die Hand vor seinen vorpreschenden Kopf – das führt zum Verringern des Tempos.

Eine andere Kontrollmöglichkeit besteht darin, den bereits auf der Planke befindlichen Hund mit dem Kommando »Stop« (Vorsicht!, wenn an anderer Stelle das Kommando »Hopp« Verwendung findet, lieber das Hörzeichen »Steh« oder »Halt« einsetzen, damit es nicht zu Verwechslungen kommt) anzuhalten und ihn dafür mit einem Leckerchen zu belohnen, um danach den Weg fortzusetzen. Die Anwendung dieser »Kontrolle« empfiehlt sich besonders auf der Mitte des Abgangs und auf der zweiten Kontaktfläche, die sich oft als die schwierigsten Punkte dieses Hindernisses erweisen. Unterstützend hält der Hundeführer den Hund am Halsband. Ohne das gegebene Kommando darf der Hund nicht stehenbleiben und auf seine Belohnung warten. Wenn die Übung sitzt, entfällt nacheinander das Einbauen der Stops.

Der Hundeführer muß darauf achten, daß der Vierbeiner den Laufsteg stets mittig angeht. Vor einem Wettkampf hat der Hund natürlich gelernt, daß der »Ernstfall« ohne die Verabreichung von Leckerchen geprobt wird. Allmählich wird der Laufsteg durch Verstellen auf seine Gesamthöhe gebracht, und wenn ihn der Hund ohne Führung unter Berührung der Kontaktzonen bewältigt, ist für diesmal das Ziel erreicht.

Der Hund läuft mit voller Konzentration über den Laufsteg.

Der Abgang folgt langsam unter Kontrolle der Besitzerin, damit die Kontaktzone (gelb) nicht übersprungen wird.

Ein Hund, der durch nichts dazu zu bewegen ist, auf die Planke des Laufstegs zu gehen, darf niemals mit Gewalt heraufgezerrt werden. Man kann ihn hochheben und ziemlich vom Ende des Steges hinuntergehen (nicht springen!) lassen. Nach der stück- für stückweisen Verlängerung des Hindernisses wird auch bei vorsichtigen Kandidaten hier Sicherheit eintreten. Gerade in solchen Fällen muß durch Hilfestellung von beiden Seiten unbedingt dafür gesorgt werden, daß der Hund nicht vom Steg herunterfallen kann.

Tisch

Es erfordert schon ein großes Maß an Vertrauen seitens des Vierbeiners, wenn er auf eine doch recht kleine Fläche springen und darauf auch noch »Platz« machen soll. Um auch diese Übung anfangs zu erleichtern, empfiehlt sich selbst für den über 40 cm großen Hund zunächst das Training am Mini-Tisch. Der als Welpe schon einmal vorsichtig auf einen Tisch gehobene Hund hat später bei der Ausführung dieser Aufgabe sicher weniger Probleme. Nur darf ihn der Hundehalter nicht alleine auf der Fläche liegenlassen und durch sein Entfernen den Hund in Angst und Schrecken versetzen, was letztlich das unerwünschte Abspringen des Hundes zur Folge hätte.

Um nun dem Hund den Tisch schmackhaft zu machen, kommt wieder das vorgehaltene Leckerchen zum Einsatz. Dieses wird auf den Tisch gelegt und macht die Sache damit schon interessant. Wenn

■ *Dieser Border Collie liegt brav auf dem Tisch. So einfach sie auch aussehen mag – auch diese Übung ist gar nicht so leicht zu erlernen!*

der Hund nun versucht, durch Hochsteigen am Tisch an das begehrte Stück heranzukommen – so neugierig sind die meisten Hunde allemal – kann ihn ein sanftes Nachhelfen vollends auf den Tisch heben. Allein mit dem Obensein ist die Übung jedoch noch nicht beendet: der Hund muß sich sofort auf der Tischfläche hinlegen. Dann erst bekommt er seine Belohnung.

Schafft der Hund es schließlich, allein auf den Tisch zu springen, kann man sein Tun gleichzeitig mit dem Kommando »Voran – Tisch« oder »Hinauf« und mit dem sofort anschließenden Kommando »Platz« verbinden. In der Liegeposition muß der Hund fünf Sekunden verweilen, wobei der Richter erst dann mit dem Zählen beginnt, wenn die Ellenbogen des Hundes Berührung mit dem Tisch haben. Erst wenn all das am Mini-Tisch zur Zufriedenheit gelingt, wird am großen Tisch geübt.

Ein sehr eifriger Hund kann beim Tisch leicht über das Ziel hinausschießen und sich dabei ernsthaft verletzen. Der Hundeführer, der seinen Hund am besten kennt, tut deshalb gut daran, ihn rechtzeitig so zu bremsen, daß er gefahrlos auf dem Tisch landet.

Wippe

Die Anfangsphasen zum Begehen der Wippe sind sicher die gleichen wie für den Laufsteg, und der damit vertraute Hund macht meist keine Schwierigkeiten. Doch anstelle der geraden Lauffläche auf dem Steg kommt sehr bald der Kipp-Punkt, und spätestens da kann die Wippe bei unachtsamem Angehen zum Schleu-

derbrett für den Hund werden. Ohne wenigstens zwei Helfer sollte das knifflige Hindernis nicht in Angriff genommen werden. Bei dieser Übung empfiehlt sich zudem das Abnehmen der Leine, die Hund und Helfer nur im Wege wären. Die Sicherung des Hundes geschieht über das Halsband.

Ist dem Hund die Wippe unheimlich, muß ein in Kopfhöhe des Hundes gehaltenes Leckerchen Überzeugungsarbeit leisten. Mit Kopfhöhe ist also nicht ein Hochhalten des Leckerbissens gemeint, sondern vielmehr das Halten kurz über dem Brett, wo sich dann auch der Kopf des Hundes befindet. Er soll wohl den begehrten Happen sehen, sich aber zugleich auch auf das Brett konzentrieren können.

Vorsichtig erklimmt der von beiden Seiten am Halsband gesicherte Hund das Brett. An jener Stelle, da es überzukippen droht, muß der Helfer zufassen und diesmal zur Abwechslung das Brett »bremsen« und zwar so, daß der Hund das Absenken der Wippe kaum bemerkt. Ein hastiges Zubodengehen des Brettes würde den Hund mit Sicherheit veranlassen, abzuspringen, was es zu verhindern gilt. Das Kommando »Langsam«, kurz vor Erreichen des Kipp-Punktes gegeben, leistet hier gute Dienste. Zu hastig vorpreschen darf der Hund in dieser Situation nämlich nicht, weshalb Hundehalter und Helfer beim Einüben alle Hände voll zu tun haben.

Hat der Hund erst volles Vertrauen in die Wippe gewonnen, ist er durchaus imstande, selbst den Kipp-Punkt herauszufinden und so weiterzugehen, daß eben auch das Brett entsprechend rea-

giert. Die am Brett mitgehende und notfalls eingreifende Hand gibt letzte Sicherheit.

Das von manchen Hundetrainern praktizierte Ablegen besonders von großen Hunden, die sich auf dem doch relativ schmalen Brett unsicher bewegen, unmittelbar am Kipp-Punkt, gibt den

Schlechte Erfahrungen, die der Hund am Kipp-Punkt der Wippe macht, erfordern unendlich viel Geduld, um den Vierbeiner überhaupt wieder auf das Gerät zu locken. Deshalb ist das behutsame Training an diesem Gerät besonders wichtig.

Hunden die Möglichkeit, durch ihre Schwerpunktverlagerung das Brett langsam in die Kippbewegung zu versetzen. Es birgt aber auch die Gefahr, daß der Hund spätestens dann unruhig wird und womöglich abspringt, wenn sich das Brett in Bewegung setzt.

Bei alldem ist nicht zu vergessen, daß auch die Wippe vorne und hinten je eine Kontaktzone aufweist, die mit der Hundepfote berührt werden muß.

Schrägwand

Kontaktzonen sind nicht etwa ausgedachte Schikanen, um dem Hund das Bewältigen des Hindernisses zu erschweren;

■ *Damit der Hund keine Angst vor der Wippe bekommt, muß er dieses Hindernis langsam und unter guter Kontrolle des Hundeführers kennenlernen.*

■ *Die Schrägwand abwärts muß der Hund gebremst werden, damit er im Eifer nicht zu früh abspringt; die rot markierte Kontaktzone muß von den Hundepfoten berührt werden.*

sie dienen vielmehr seiner Sicherheit. Ein Hund, der weiß, daß er erst dann gelobt und belohnt wird, wenn die Kontaktzonen in einen ordentlichen Abgang einbezogen wurden, läuft wenig Gefahr, durch Sprünge, die bei den bisher beschriebenen Hindernissen gar nicht vorgesehen sind, das Skelett über Gebühr zu strapazieren.

Hunde, die bereits die Wippe und den Laufsteg kennen, haben meist wenig Furcht vor der in Gänze aufgestellten Schrägwand, der Form eines A-Buchstabens ähnlich, auch A-Wand genannt. Für etwas zaghafte Vierbeiner kann die Schrägwand, die immerhin einen Winkel von 90 Grad aufweist, zunächst etwas

entschärft werden – bis hin zum flachen Auslegen auf dem Boden. Auf diese Weise ist es ohne Hilfe möglich, den Hund an der Leine über die Bretterwand zu führen, wobei auch hier schon auf das korrekte Betreten der Kontaktzonen zu achten ist. Die Leine vermag entsprechend einzuwirken.

Als nächstes erfolgt das Hochstellen der A-Wand mit einem höchsten Punkt von etwa einem Meter. In der linken Hand die Leine und die rechte mit Futter bestückt, lockt der Hundeführer den Hund auf das Hindernis, und zwar so, daß der Hund in der Mitte läuft. Auf der Mitte der aufsteigenden Rampe erhält der Hund das aus vorhergehenden Übungen bekannte Kommando für das Stehenbleiben (»Steh«, »Halt« oder »Stop«), worauf die Gabe eines Belohnungshappens erfolgt. Das gleiche geschieht nach dem Überwinden des Gipfels auf der abfallenden Seite. Ein drittes Stop-Kommando verhindert, daß der Hund die Kontaktzone überspringt.

Ein pfiffiger Hund hat nun sehr schnell heraus, daß Stehenbleiben mit der Gabe von Leckerbissen honoriert wird, und bleibt von sich aus stehen. Schon bald kann an der Schrägwand in voller Größe trainiert werden, und der Hund sollte lediglich noch vor der unteren Kontaktfläche angehalten werden.

Wenn alles klappt, sollte die Futterbelohnung nur noch unregelmäßig erfolgen und durch lobende Worte ersetzt werden. Zur Vorbereitung auf ein späteres Turnier ist es notwendig, das Stopkommando kurz vor der zweiten Kontaktfläche mit unmittelbar anschließendem Abrufen zu geben – denn: die Zeit läuft!

Hürden

Einfache Stangenhürden

Manchem Hundehalter erscheint es sicher unverständlich, warum gerade jene Hindernisse, deren Überspringen dem Hund so viel Freude bereitet, erst so spät in das Trainingsprogramm aufgenommen werden. Dies geschieht ausschließlich aus Rücksichtnahme auf den noch nicht gefestigten Knochenbau des jungen Hundes. Sprünge während des Spazierganges durch Wald und Flur – etwa über Baumstämme u. ä. – die der kleine Kerl aus freien Stücken toll findet, wird ihm der Hundebesitzer freilich nicht verwehren, wohl aber ein gezieltes Sprungtraining, welches erst beginnen sollte, wenn der Hund ausgewachsen ist. Das ist – je nach der Größe des Hundes – zwischen 9 Monaten (kleine Rassen) und 15 Monaten (große Rassen) der Fall.

Den noch sehr jungen Hund kann man aber durchaus schon mit Stangen-Hindernissen vertraut machen, indem man die Stangen auf den Boden oder wenige Zentimeter darüber legt. Der junge Hund läuft darüber, wobei er vom Besitzer an der Leine geführt und geleitet wird. Ein Helfer kann den Hund auch hinter der am Boden liegenden Stange festhalten und absitzen lassen, während der Hundeführer auf der anderen Seite den jungen Hund lockend ruft. Schon jetzt findet das Kommando der Wahl – etwa »Hopp!« – Einsatz. Bevor es den Hund langweilt, über die Bodenstange zu laufen, bringt man durch Einhängen der Stange in die niedrigste Stufe des eigentlichen Hindernisses wieder etwas Spannung in den Ablauf. Die Stange sollte noch nicht so hoch hängen, daß der Hund darunter hindurch laufen kann, aber es darf doch schon ein kleiner Hopser notwendig sein, um es zu bezwingen. An der locker durchhängenden Leine springt der Hundeführer mit dem Hund gemeinsam über die niedere Hürde. Auch hier darf das

■ *Erste Übungen für die Hürden: Der Border Collie springt über einen Baumstamm.*

überschwengliche Lob nicht fehlen, denn der Hund kann nicht abschätzen, ob seine Leistung nun ein großes Ding war oder eigentlich nur ein »Klacks«.

> Nur das Lob zählt, und es muß zum richtigen Zeitpunkt kommen: Beim Springen ist das immer direkt nach dem Sprung.

Während das Kommando zunächst während des Sprungs zur Anwendung gelangt, gibt man es mit der Zeit immer etwas früher. Später erfolgt das Kommando »Hopp« schon dann, wenn der Hund das vorherige Gerät verlassen hat, als Ankündigung für den nächstfälligen Sprung.

Auch wenn der Hundeführer neben dem Hund herläuft und dieser gelernt hat, alleine zu springen, wird er noch eine Zeitlang mit ausgestrecktem Arm und lockerer Leine über die Hürde geführt. Es genügt völlig, die Hürden anfänglich auf eine Höhe von 50 cm zu fixieren und es für jede einzelne Übung bei drei bis fünf Sprüngen zu belassen, auch wenn sich der kleine Springinsfeld noch so eifrig anbietet.

Springunlustige Hunde hingegen müssen mit dem Lieblingsspielzeug motiviert werden. Wichtig ist dabei, daß man es nicht zu früh wirft. Der Hund mißachtet sonst das Hindernis und versucht, auf dem kürzesten Weg sein Spielzeug zu erreichen. Die Leine kann dies zwar verhindern, der unangenehme Zug fördert jedoch nicht die Springfreude des Hundes.

Den fortgeschrittenen Hund läßt der Hundeführer vor einer Hürde sitzend warten. Er geht um die Hürde herum, verweilt etwas auf der anderen Seite und ruft den Hund dann ab. Sicherheitshalber kann dies zunächst noch mit der lockeren Leine geschehen, wobei der Hundeführer tunlichst nahe an der Hürde stehenbleibt.

Einüben einer einfachen Kombination

Doch zuvor wird eine einfache Kombination geübt, und zwar drei Sprünge hintereinander. Nun beginnt man nicht etwa mit der ersten, sondern vielmehr mit der letzten Hürde. Hat der angeleinte Hund die letzte Hürde dreimal tadellos bewältigt (loben nicht vergessen!), werden die vorletzte und die letzte Hürde ins Visier genommen. Erst wenn auch das gelingt, führt der Hundeführer den Hund über alle drei Hürden.

Bei der im Kreuz aufgestellten Mühle wird ebenso verfahren: erst eine Hürde,

■ *Mit voller Kraft voraus! Das Überspringen der Hürden macht diesem Hund sichtlich Freude.*

dann mehrmals zwei, drei und schließlich die gesamte Runde. Der Hundeführer postiert sich in der Mitte der Mühle und führt den Hund an der hochgehaltenen Leine über die einzelnen Hindernisse. Wird die Leine nicht mehr benötigt, lenkt der zeigende Arm bzw. die Hand des Hundeführers den Hund über die Hindernisse. Das beidseitige Angehen der Kombinationen erleichtert dem künftigen Agility-Hund entsprechend gutes Reagieren im Parcours.

> Für den springfreudigen Hund bedeutet das Wegwerfen eines Balles, dem er nachrennen darf, höchstes Vergnügen und ist damit eine tolle Belohnung.

Auch nach der Anordnung einer sogenannten »Mühle« – das sind vier gleiche Sprünge in Form von Windmühlenflügeln aufgestellt – mündet der Springspaß nach dem letzten Sprung im Erhaschen des weggeworfenen Balles.

Das Ändern der Sprunghöhe darf nur ganz allmählich erfolgen, und der Hundeführer muß sich hier bescheiden, auch wenn er meint, sein Vierbeiner wäre zu weitaus höheren Sprüngen imstande. Spätestens wenn der Hund das Hindernis unterläuft, ist das ein sicheres Zeichen dafür, daß zu schnell vorgegangen wurde!

Bürstenhürde, Vollflächenhürde und Hürden mit gekreuzten Balken

Diese Hürden zählen zu den »einfachen« Hindernissen, die ebenso wie die Stangenhürde zu bewältigen sind. Bei der Bürstenhürde ist wichtig, daß die obenaufliegende Stange nicht touchiert oder heruntergeworfen wird. Nach und nach wird der Hund mit allen später im Parcours vorkommenden Hindernissen vertraut gemacht. Immer soll das Arbeitspensum für den Hund (und natürlich auch für den Hundeführer) abwechslungsreich gestaltet werden, was auch durch das Anordnen und Springen von mehreren Hindernissen geschehen kann.

Doppelhürde

Der im Überspringen einer einfachen Hürde geübte Hund hat mit der aus zwei Hürden zusammengestellten Doppelhürde keine Probleme, außer daß er die Doppelhürde mit etwas mehr Schwung angehen muß. Anfangs lassen sich die Hürden in verschiedener Höhe anordnen, was dem Hund das Eintaxieren des Sprunges und den Sprung selbst enorm erleichtert.

Viadukt oder Mauer

Dieses Hindernis ist deshalb so tückisch, weil es im Mauerbereich zwei Öffnungen aufweist, die den Hund geradezu auffordern, durch diese hindurchzulaufen – was natürlich überhaupt nicht beabsichtigt ist. Deshalb sollten bei den ersten Trainingseinheiten die Öffnungen für den Hund geschlossen erscheinen, was mit einem Brett o. ä. leicht zu bewerkstelligen ist.

Die zweite Falle für den Hund birgt dieses Hindernis in der Form, daß die obere Auflage der Mauer nicht fest mit dieser verbunden ist und bei der geringsten Berührung herunterfällt. Der Hund darf also gar nicht erst auf die Idee kommen, die Mauer durch Auf- und Absprin-

gen nehmen zu wollen, was den Sturz der Abschlußsteine zur Folge hätte. Ein später zu entfernender Stab kann für den Anfang nützlich sein.

Überspringt der Hund schließlich mit Bravour die Mauer, wird diese Hürde in ihren Endzustand versetzt, d. h. der Viadukt zeigt sich nun mit den beiden Öffnungen, die der Hund nun aber ignoriert.

Weitsprung und Wassergraben

Es ist sinnvoll, den Weitsprung zuerst nur mit zwei Elementen zu üben und den Hund damit der Möglichkeit zu berau-

ben, über mehrere Teile hinweg- oder zwischen diesen hindurchzusteigen. Das Mitspringen des Hundeführers macht dem Hund begreiflich, was dieses Hindernis von ihm verlangt. Gerade beim Weitsprung erweist sich ein kurz vor dem Hund weggeworfenes Spielzeug oder der Ball als tolles Hilfsmittel, dessen Funktionsfähigkeit aber nur dann gesichert ist, wenn der Ball unmittelbar vor dem Hund über das Hindernis geworfen wird.

Die Sprunglänge für den Wassergraben entspricht in etwa jener des Weitsprungs. Er ist mit einer zusätzlichen Hürde versehen, die sich am Absprung oder am Ende des Sprungs befinden kann, was ein Abschätzen der Sprunglänge für den Hund erschwert. Zudem darf er ja mit dem Wasser nicht in Berührung kommen. Obwohl er nicht danach aussieht, ist der Wassergraben für den Hund ein schwer einzuschätzendes Hindernis. Er sollte deshalb erst mit dem erfahrenen Hund in Angriff genommen werden.

■ *Im Mini-Parcours der kleinen Teilnehmer hängt der Reifen etwas tiefer.*

Reifen

Nun ist der Hund in seinem Übungsprogramm so weit fortgeschritten, daß der Sprung durch den Reifen eingeübt werden kann. Die Vorarbeit wurde schon mit dem teilweise in den Boden gegrabenen großen Autoreifen geleistet, so daß dem Hund das Reifenrund nicht ganz fremd erscheint.

Auch beim Reifen sind mögliche Fehlsprünge von Anfang an durch entsprechende Sicherungen auszuschließen. Zunächst wird der im Rahmen hängende Reifen in unmittelbare Bodennähe verbracht. Der Rahmen hat eine entsprechende Vorrichtung, um die Höhe beliebig zu verstellen; die Höhe kann aber auch durch Umlegen des Rahmens reguliert werden. Ein Helfer, der den Hund

■ *Der Sprung durch den Reifen bildet den krönenden Abschluß des Agility-Trainings.*

festhält und ein Spielzeug durch das Rund wirft, um den Hund auf die andere Seite zu schicken, wo er von seinem Besitzer erwartet wird, ist hier sicher nützlich.

Später weist die Hand und das entsprechende Kommando (»Spring« oder »Durch« oder »Reifen«) den Hund ein. Zuvor sollte man jedoch die Zwischenräume um den Reifen herum derart absichern, daß dem Hund keine Sprungmöglichkeit bleibt, außer jener durch den Reifen. Der Vierbeiner muß nun lernen, den Reifen ohne Körperkontakt zu durchspringen. Erst dann geschieht das allmähliche Höherhängen des Reifens bis zum Endpunkt.

Manche Hunde scheinen vor dem Sprung durch den Reifen eine besondere Scheu zu haben und gehen dieses Gerät nur zögernd an. Bei Hunden, die schon als Welpen Kontakt mit dem Autoreifen auf dem Boden hatten, ist diese Zurückhaltung nicht so ausgeprägt. Geduld und Einfühlungsvermögens seitens des Hundeführers sind hier besonders gefragt.

Agility-Reglement der Fédération Cynologique Internationale

Einführung

Die Agility ist eine Disziplin, die allen Hunden offensteht. Sie besteht darin, sie verschiedene Hindernisse überwinden zu lassen, mit der Absicht, ihre Intelligenz und ihre Gewandtheit zu erproben. Es handelt sich um ein erzieherisches und sportliches Spiel, welches ihre gute Einfügung in die Gesellschaft begünstigt.

Die Disziplin setzt eine gute Harmonie zwischen dem Hund und seinem Führer voraus und endet in perfektem Einvernehmen in ihrer Gruppe. Es ist also notwendig, daß die Teilnehmer die elementaren Grundlagen von Erziehung und Gehorsam besitzen.

Strecke

Die Strecke setzt sich aus Hindernissen zusammen, die je nach ihrer Aufstellung

Wichtig

Es ist jedem Hundeführer unbenommen, für welche Kommandos er sich beim Agility-Training entscheidet; das einmal gewählte Kommando für eine bestimmte Forderung ist aber unumstößlich und immer beizubehalten.

Zum Erlernen der einzelnen Aufgaben wird der Hund mit der Leine geführt; erst nach völlig sicherem Beherrschen kann darauf verzichtet werden. Beim Turnier muß der Hund den gesamten Parcours ohne Leine absolvieren.

Auch wenn sich der Hund für einzelne Hindernisse besonders anzubieten scheint, sollten keine vorzeitigen Experimente stattfinden. Denken Sie daran, daß Sprünge bei einem nicht ausgewachsenen Hund zu schweren Körperschäden führen können! Und noch einmal das Allerwichtigste: Loben, loben, loben!

dem Verlauf der Strecke eine Eigentümlichkeit geben, die dieselbe mehr oder weniger komplex und mehr oder weniger schnell macht. Die Strecke muß vom Hund in einer festgesetzten Basiszeit zurückgelegt werden sowie in einer festgesetzten Reihenfolge der Hindernisse.

Allgemeines

■ Das zur Anlage einer Agility-Strecke notwendige Gelände muß wenigstens 20 x 40 m messen. Im Falle einer Anlage von zwei Strecken empfiehlt es sich, eine geschlossene Abtrennung mit Barrieren anzulegen oder die Strecken in ungefähr 10 m Entfernung anzulegen.

■ Die eigentliche Strecke hat eine Länge von 100 bis 200 m und umfaßt, je nach Kategorie der Prüfung, 12 bis 20 Hindernisse, darunter mindestens sieben Sprünge.

■ Die zweifachen Hindernisse (die mit einem einzigen Sprung überwunden werden) haben eine Gesamtbreite von maximal 0,55 m für die Standards und 0,35 m für die Minis.

■ Die Kombinationen von zwei oder drei Hindernissen zählen als ein einziges Hindernis, aber jedes Element wird unabhängig beurteilt. Die Distanz zwischen den Elementen soll höchstens 5 Schritte (zirka 3,50 m) betragen. Diese Kombinationen dürfen nur aus Lattenhürden bestehen.

■ Die Distanz zwischen zwei sich folgenden Hindernissen soll ungefähr 5 bis 7 m betragen.

Streckenverlauf

Der Verlauf der Strecke bleibt der Phantasie des Richters überlassen, aber zwangsläufig muß der Verlauf wenigstens zwei Richtungswechsel umfassen.

Vor Beginn der Prüfungen versichert er sich der zur Verfügung gestellten Hindernisse. Nachdem er ihre Konformität über-

■ *Ausschnitt aus einem Agility-Parcours. Hindernisse von rechts nach links: Viadukt, Reifen, Schrägwand und fester Tunnel.*

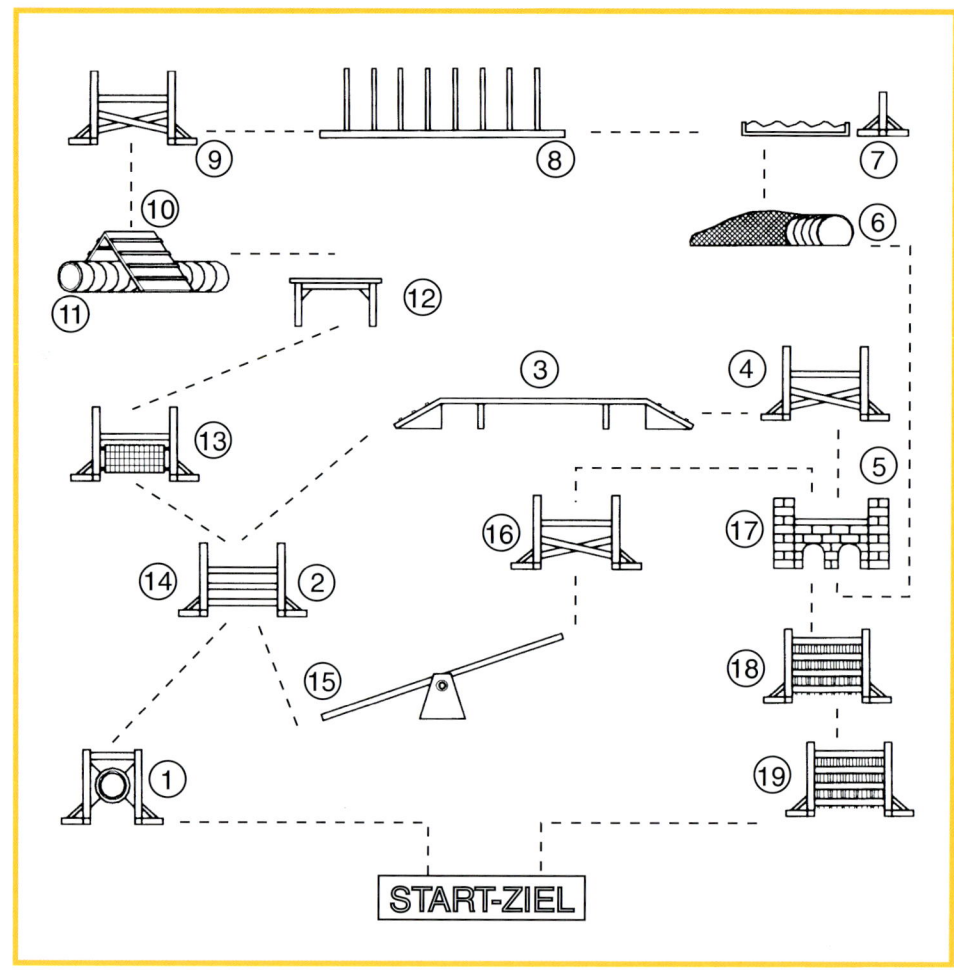

■ *Schematische Darstellung eines Agility-Parcours: 1 = Reifen, 2 = Hürde mit parallelen Stangen, 3 = Laufsteg, 4 = Hürde mit parallelen Stangen, 5 = Viadukt, 6 = Stofftunnel, 7 = Weitsprung, 8 = Slalom, 9 = Hürde mit gekreuzten Stangen, 10 = Schrägwand, 11 = fester Tunnel, 12 = Tisch, 13 = Hürde mit ausgefüllten Flächen, 14 = Hürde mit parallelen Stangen, 15 = Wippe, 16 = Hürde mit gekreuzten Stangen, 17 = Viadukt, 18 = Hürde mit Bürsten, 19 = Hürde mit Bürsten.*

prüft hat, macht er seinen Plan der Strecke und übergibt ihn den Organisatoren zur Aufstellung der Hindernisse gemäß dem festgelegten Plan. Anschließend überprüft er die Anlage und läßt die genaue Länge messen.

Eine gut ausgedachte Strecke soll es dem Hund erlauben, leicht und fließend voranzukommen. Der Zweck besteht darin, ein genaues Gleichgewicht zu finden zwischen der Kontrolle des Hundes, um Fehler bei den Hindernissen zu ver-

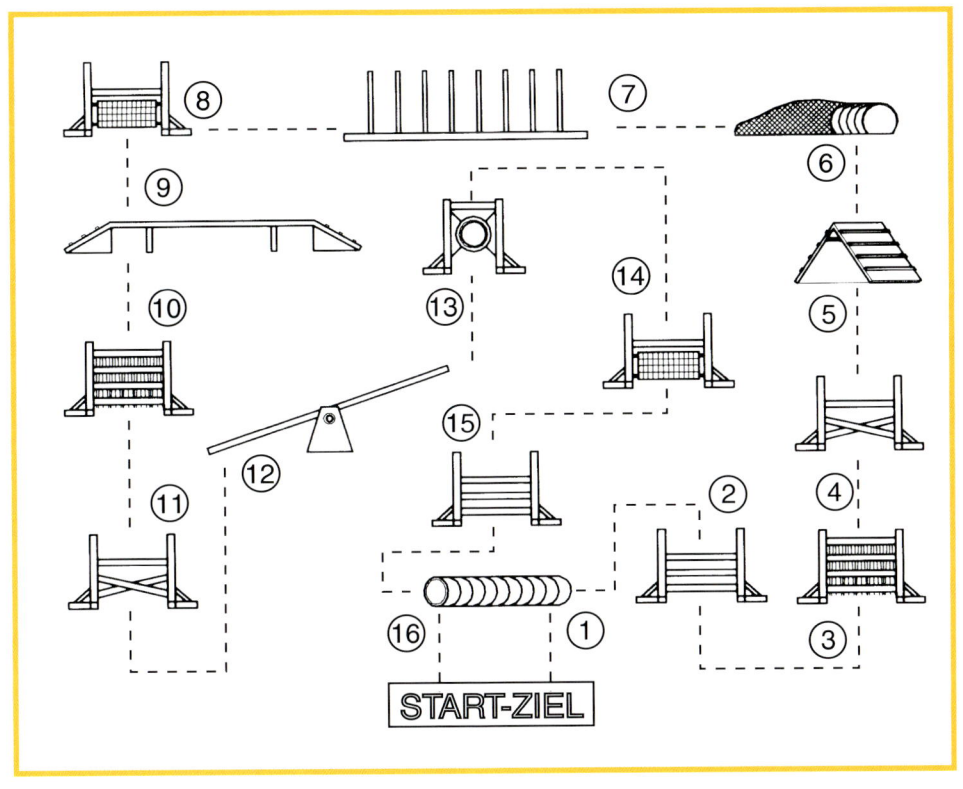

■ *Ein anderer Parcour-Aufbau für das Agility-Training: 1 = Start, 2 = Hürde mit parallelen Stangen, 3 = Hürde mit Bürsten, 4 = Hürde mit gekreuzten Stangen, 5 = Schrägwand, 6 = Stofftunnel, 7 = Slalom, 8 = Hürde mit ausgefüllten Flächen, 9 = Laufsteg, 10 = Hürde mit Bürsten, 11 = Hürde mit gekreuzten Stangen, 12 = Wippe, 13 = Reifen, 14 = Hürde mit ausgefüllten Flächen, 15 = Hürde mit parallelen Stangen, 16 = fester Tunnel.*

meiden, und der Geschwindigkeit bei der Ausführung. Im Training und auch bei den Wettbewerben ist es angeraten, den Verlauf und die Stellung der Hindernisse ständig zu verändern, um jede Mechanisierung des Hundes zu vermeiden.

3. Ablauf des Wettbewerbes
Auf dem Prüfungsgelände ist keinerlei Training erlaubt. Der Hundeführer darf die Strecke – ohne seinen Hund! – erkunden. Vor Beginn einer jeden Prüfung

versammelt der Richter die Konkurrenten, um ihnen genaue Einzelheiten über die Prüfung, die Standardzeit und die Maximalzeit für die Strecke, die er festgehalten hat, bekannt zu geben; er erinnert sie an die Wettbewerbs-Vorschriften und an die Kriterien für die Notierung.

a) Wahl der Standardzeit der Strecke.
Das Basiskriterium für die Festsetzung der Standardzeit der Strecke ist die Geschwindigkeit in Meter pro Sekunde, die

für die Bewegung auf der Strecke festgehalten ist. Diese Wahl wird unter Berücksichtigung der Rangstufe der Prüfung und der Schwierigkeit der Strecke getroffen. Die Standardzeit für die Strecke (in Sekunden) erhält man, indem man die exakte Länge der Strecke durch die festgehaltene Bewegungsgeschwindigkeit (in m/s) teilt.

Beispiel: Für eine Strecke von 150 m und einer festgehaltenen Geschwindigkeit von 2,5 m/s ist die Standardzeit für die Strecke 150/2,5 = 60 Sekunden.

b) Bestimmung der Maximalzeit für die Strecke. Im allgemeinen gibt der Richter als Maximalzeit für die Strecke das Doppelte der Standardzeit an. Für eine Standardzeit von 60 Sekunden ist die Maximalzeit 120 Sekunden. Sie kann niemals unterhalb des 1,5 fachen der Standardzeit liegen.

c) Ablauf der Prüfungen. Der Hundeführer begibt sich an den Start. Sein Hund befindet sich in Grundstellung (stehend, sitzend oder liegend), hinter der Startlinie. Er leint den Hund ab und nimmt das Halsband ab, dessen Tragen aus Sicherheitsgründen während der Prüfungen nicht erlaubt ist. Während der Prüfungen darf der Hundeführer nichts in den Händen halten.

Der Hundeführer kann sich an einer von ihm gewählten Stelle der Strecke aufstellen. Er gibt seinem Hund den Startbefehl auf Anordnung des Prüfungsrichters, der die Stoppuhr in Gang setzen läßt, sobald der Hund die Startlinie überschritten hat.

Kommandolaute und Zeichen sind auf der ganzen Strecke erlaubt. Der Hunde-

Der Richter überprüft die korrekte Höhe des Hindernisses.

führer achtet genau darauf, daß die Hindernisse in der Reihenfolge ihrer Nummern überwunden werden. Vom Startsignal ab sorgt der Hundeführer dafür, daß sein Hund die Hindernisse in der vorgesehenen Reihenfolge angeht, ohne jemals den Hund oder die Hindernisse zu berühren. Der Hundeführer darf nicht selbst die Hindernisse überspringen. Das Ende der Strecke und des Zeitnehmens ist erreicht, wenn der Hund die Ziellinie überschritten hat. Dann nimmt der Hundeführer seinen Hund wieder an die Leine und verläßt die Strecke.

Hindernisse

Die durch die F.C.I. anerkannten Hindernisse sind die folgenden:

- Hürden
- Reifen
- Schrägwand
- Tisch
- Wassergraben
- fester Tunnel
- Wippe
- Viadukt oder Mauer
- Weitsprung
- Slalom
- Laufsteg
- Sackstofftunnel

Die Hindernisse dürfen keine Gefahr für den Hund darstellen und müssen den nachstehenden Beschreibungen (in den Abmessungen) und den beigefügten Zeichnungen entsprechen.

Hürden
a) Einfache Hürden: Standard 55 bis 65 cm. Mini 30 bis 40 cm. Maximale Breite: 120 cm. Sie müssen verschiedenartig

zwischen den Pfosten konstruiert sein: mit Holzstangen (Metall oder PVC sind abzuraten) – ausgefüllte Flächen – durchbrochene Flächen; Flächen mit Bürsten (die jedoch oben eine Abwurfstange haben müssen).

b) Doppelte Hürden: Bestehend nur aus der Vereinigung von Stab-Hürden. Sie werden in ansteigender Linie aufgestellt mit einem Höhenunterschied von ungefähr 20 bis 25 cm, die höchste am Schluß und auf einer Höhe von 55 bis 65 cm für Standards (30 bis 40 cm für Minis).

Die Gesamtbreite der Hürden darf nicht mehr betragen als 55 cm für Standards und 35 cm für Minis.

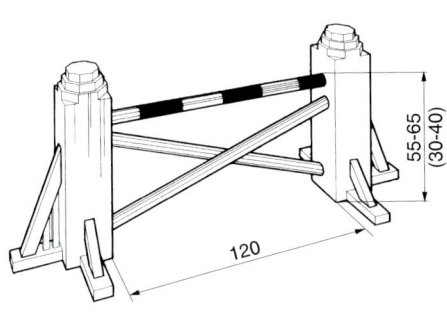

■ *Hürde mit gekreuzten Stangen.*

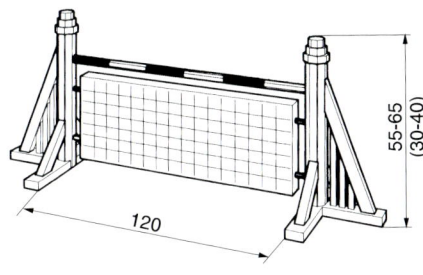

■ *Hürde mit ausgefüllter Fläche.*

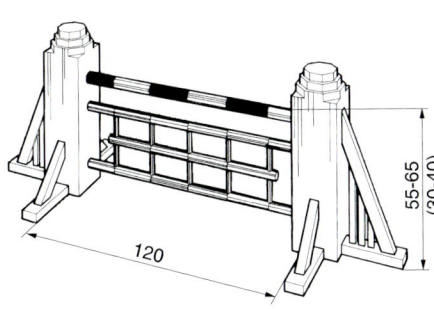

■ *Hürde aus Holzstangen.*

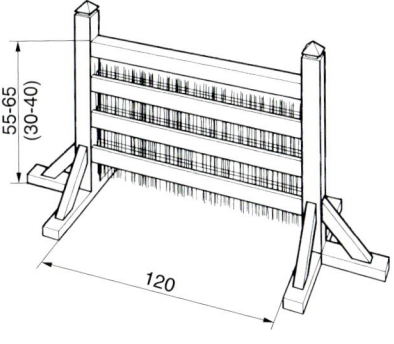

■ *Hürde mit Bürsten.*

■ Die Hundeführer schreiten den Parcours ab – im Bild Weitsprung und Bürstenhürde.

Viadukt

Höhe: Standard 55 bis 65 cm. Mini 30 bis 40 cm. Maximalbreite 120 cm. Mauerdicke ungefähr 20 cm. Eine ausgefüllte Fläche, die 1 oder 2 Öffnungen in Form eines Tunnels enthält. Auf dem oberen Teil der Mauer werden abnehmbare Elemente in Form eines Halbkreises aufgesetzt.

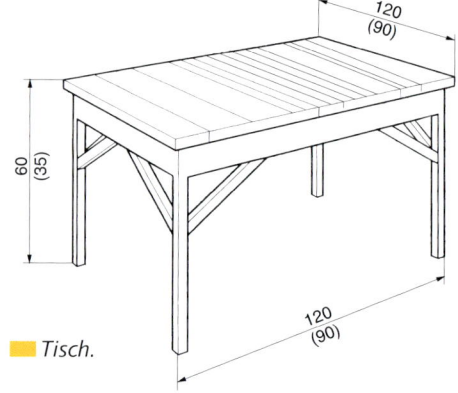

■ Tisch.

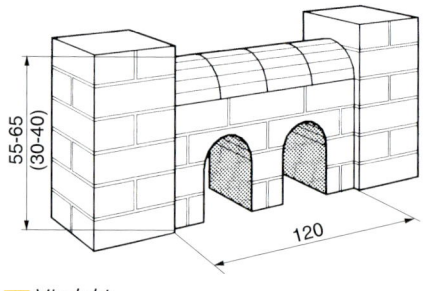

■ Viadukt.

Tisch

Oberfläche: Minimum 0,90 x 0,90 m. Maximum 1,20 x 1,20 m. Höhe: 60 cm für Standards, 35 cm für Mini. Der Tisch muß kippsicher und mit einem rutschfesten Belag versehen sein.

Laufsteg

Höhe: Minimum 1,20 m; Maximum
1,35 m. Breite der Lauffläche: Minimum
30 cm; Maximum 40 cm. Länge eines
jeden Elementes: Minimum 3,60 m; Maximum 4,20 m. Die Rampen sind mit
kleinen Leisten versehen, die in regelmäßigen Abständen festgenagelt sind
(ungefähr alle 25 cm), um den Aufstieg
zu erleichtern und das Abrutschen zu
verhindern. Die unteren Teile der Rampen müssen auf einer Länge von 90 cm
vom Boden an gemessen (auf der Oberseite und den Schmalseiten farbig angestrichen werden, um die Kontaktzonen

anzuzeigen. Es sollte keine Leiste auf der
oberen Grenze angebracht sein, sondern
in einem Abstand von wenigstens 10 cm.

Wippe

Breite: Minimal 30 cm; Maximal 40 cm.
Länge: Minimal 3,65 m; Maximal 4,25 m.
Höhe der Mittelachse zum Boden = 1/6
der Bohlenlänge. Beispiel: Länge =
3,65 m. Höhe = 60 cm; für Länge =
4,25 m beträgt die Höhe 70 cm.

Die Kontaktzone ist wie beim Laufsteg
farbig zu markieren. Sie muß standfest
und rutschsicher sein, soll aber keine
Trittleisten erhalten. Bei der Verwendung

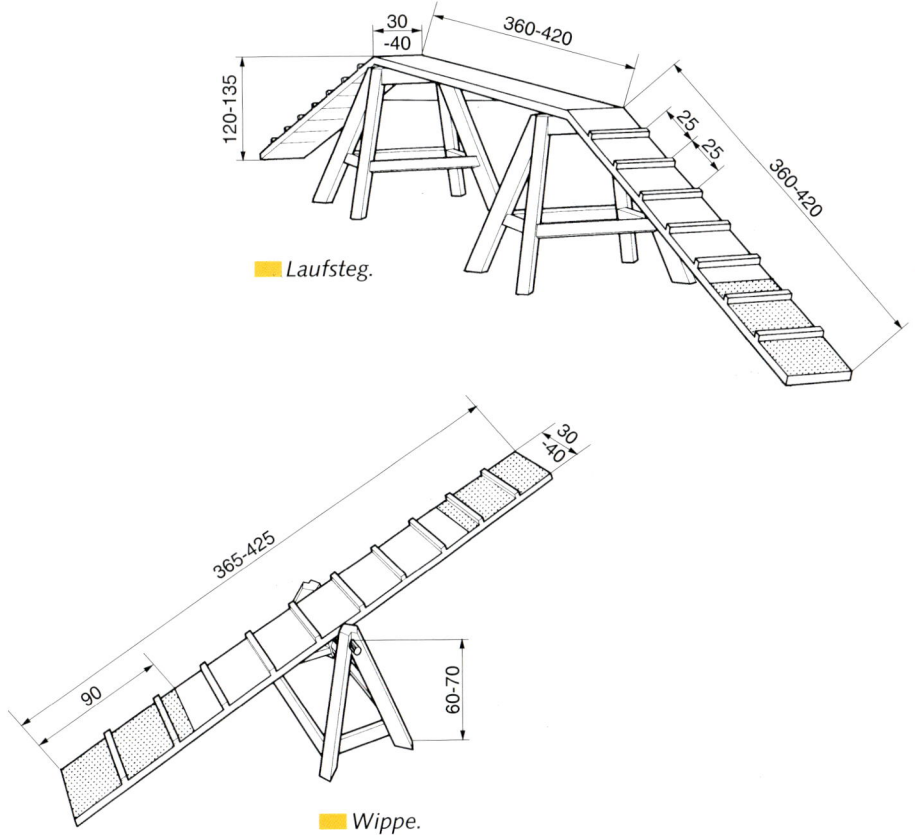

Laufsteg.

Wippe.

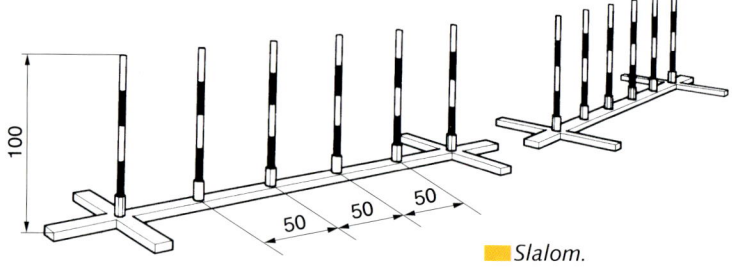

Slalom.

im Mini-Agility sollte man das Einsetzen eines Gegengewichts vorsehen, welches das Wippen begünstigt.

Schrägwand
Die Schrägwand setzt sich aus zwei Elementen zusammen, die ein A bilden. Breite: Minimum 0,90 m, die im unteren Teil auf 1,15 m gebracht werden kann. Höchster Punkt in bezug auf den Boden: Standards: 1,90 m mit einem Winkel von 90 Grad. Minis: die Schrägwand wird geöffnet und auf 1,70 m herunter gestellt.

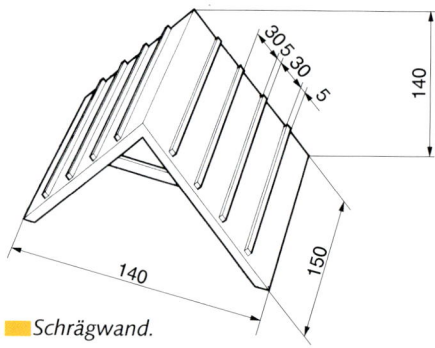

Schrägwand.

Die Rampen sind mit angenagelten Leisten in regelmäßigem Abstand versehen (alle 25 cm), um den Aufstieg zu erleichtern und das Abrutschen zu verhindern. Die unteren Teile der Rampen müssen auf der Oberseite und den

Schmalseiten auf einer Länge von 106 cm zum Boden angestrichen werden, um die Kontaktzone aufzuzeigen.
Eine Leiste sollte nicht auf der oberen Grenze dieser Zone angebracht sein, sondern wenigstens 10 cm Abstand haben. Der Scheitelpunkt der Schrägwand darf keine Gefahr für den Hund bilden; wenn nötig, bringt man zum Schutz eine Firstleiste aus Gummi an.

Slalom
Anzahl der Pfosten: 8, 10 oder 12. Höhe: Minimum 1 m. Zwischenraum zwischen den einzelnen Pfosten: 50 bis 65 cm.

Fester Tunnel
Innerer Durchmesser: 60 cm; Länge 3 bis 6 m. Er soll flexibel sein, damit man einen oder mehrere Bogen bilden kann.

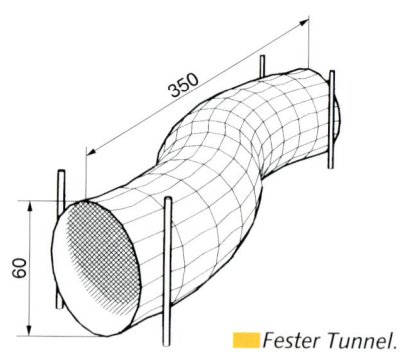

Fester Tunnel.

Sackstofftunnel

Der Eingang wird aus einem festen Boden von 90 cm Länge gebildet. Höhe: 60 cm. Breite: 60 bis 65 cm. Ausgang aus weichem Material. Länge 3 bis 3,5 m; Durchmesser: 60 bis 65 cm.

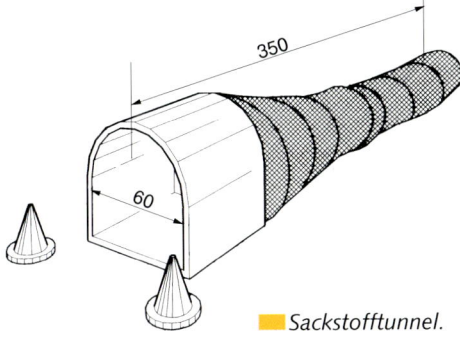

■ Sackstofftunnel.

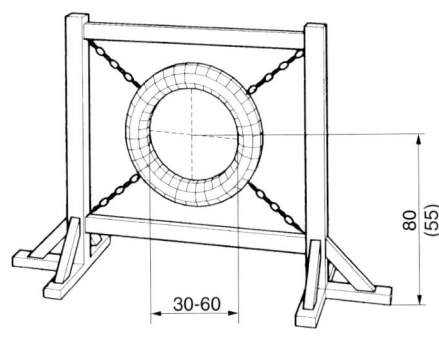

■ Reifen.

Reifen

Öffnungsdurchmesser: Minimum 38 cm; Maximum 60 cm. Entfernung der Reifenachse zum Boden: Standard 80 cm; Mini 55 cm. Der untere innere Teil des Reifens muß aus Sicherheitsgründen verschlossen werden. Der Reifen sollte mit einem System von Ketten oder Seilen so befestigt werden, daß er in der Höhe verstellbar ist; starre Befestigungssysteme sind ausgeschlossen.

Weitsprung

Zusammengesetzt aus 3 bis 5 Elementen, die im Abstand voneinander stehen, um einen Sprung von 1,20 m bis 1,50 m Weite (Mini Agility: 60 bis 75 cm) zu ermöglichen. Länge der Elemente: mindestens 1,20 m. Höhe des höchsten Elementes: 28 cm; Höhe des niedrigsten Elementes: 15 cm. Breite der Elemente: 15 cm, leicht abfallend. Die vier Ecken werden durch Pflöcke gekennzeichnet, die ungefähr 1,20 m hoch und oben mit einem Schutz versehen sind.

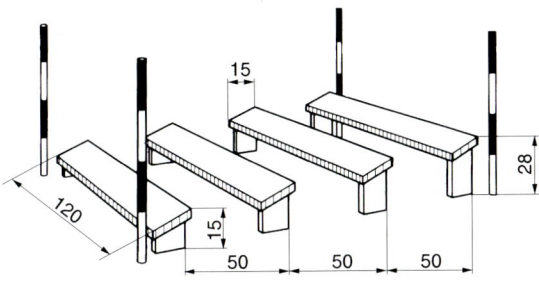

■ Weitsprung.

Wassergraben

Wasseroberfläche: 1,20 x 0,75 m. Sprunglänge: Standard 1,20 m; Mini 0,75 m. Tiefe: Maximal 10 cm. Dieses Hindernis umfaßt eine niedrige Hürde, die nur aus Leisten besteht. Diese wird immer anfangs des Hindernisses aufgestellt. Höhe der Leiste: Standard 40 cm; Mini 20 cm.

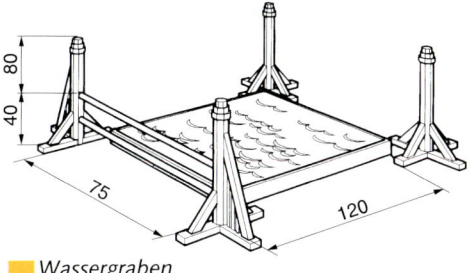

■ Wassergraben.

Die vier Ecken werden durch Pflöcke gekennzeichnet, die ungefähr 1,20 m hoch und oben mit einem Schutz versehen sind.

Start und Ziel
Pflöcke kennzeichnen den Start und das Ziel. Diese müssen maximal 1 m vom Hindernis aufgestellt werden und von der Breite der Sprungstange 59 cm Abstand haben.

Beurteilungen

Alle Entscheidungen des Richters sind unwiderruflich.

1. Allgemeines
Der Zweck des Parcours besteht darin, den Hund dazu zu bringen, die Gesamtheit der Hindernisse in der vorgeschriebenen Reihenfolge ohne Fehler und in der vorgegebenen Standardzeit zu bewältigen. Die Standardzeit ist jedoch nur ein Anhaltspunkt – auf keinen Fall darf die Schnelligkeit als wichtigstes Kriterium angesehen werden! Der Agility-Umlauf ist kein Geschwindigkeitslauf, sondern ein Geschicklichkeitslauf.

Im Falle von ex-aequo geht die Entscheidung zu Gunsten des Hundeführers, der die wenigsten Fehler an den Hindernissen hat. Nur im Falle gleicher Anzahl von Fehlern an den Hindernissen berücksichtigt man bei der Klassierung die bessere Zeit. Sollten durch Zufall zwei Hunde sowohl bei den Strafen für die Hindernisse wie in der Zeit gleich liegen, so kann der Prüfungsrichter einen zusätzlichen Lauf verlangen, um eine Entscheidung zwischen den beiden Konkurrenten herbeizuführen.

2. Strafpunkte
Zwei Arten von Strafpunkten werden angewendet:
- Strafen für Fehler auf der Strecke
- Strafen für Überschreiten der Standardzeit.

Es gibt folgende Strafpunkte:
a) Überschreiten der Standardzeit:
1,00 Punkt pro Sekunde.

b) Fehler allgemeiner Art:
- Der Hundeführer darf nicht zwischen den Start- oder Zielpfosten durchgehen; tut er es dennoch, so wird er mit 5 Punkten bestraft und außerdem wird die Stoppuhr bei seinem Durchgang ausgelöst.
- Der Hundeführer berührt absichtlich seinen Hund während des Umlaufs. 5 Punkte (jedes Mal).
- Der Hundeführer berührt absichtlich ein Hindernis: 5 Punkte (jedes Mal).

c) Fehler bei den Hindernissen: Jeder Fehler wird mit einer Strafe von 5 Punkten geahndet.
Abwurf: Ein Fehler wird angerechnet, wenn eines der Elemente fällt bis zum Durchgang des nächsten Hindernisses.
Verweigerung: Dieser Fehler betrifft
- das Anhalten des Hundes vor dem Hindernis,
- den Hund, der nicht mehr in Bewegung ist,
- das seitliche Ausbrechen, um das Hindernis zu vermeiden,
- das Vorbeigehen am Hindernis, welches den Hund zu einer halben Umdrehung zwingt, um das Hindernis erneut anzugehen,

- den Sprung zwischen Rahmen und Reifen,
- den Hund, der den Weitsprung im Gehen macht,
- den Hund, der eine Pfote oder den Kopf in den Tunnel steckt und sich dann zurückzieht.

Obligatorische Kontaktzonen: Auf der Schrägwand, der Wippe und dem Laufsteg muß der Hund unbedingt wenigstens eine Pfote auf die Kontaktzonen setzen, ebenso beim Aufstieg wie beim Abstieg. Jeder Fehler wird mit einer Strafe von 5 Punkten geahndet. Im Falle einer Verweigerung muß der Hundeführer seinen Hund auf das verweigerte Hindernis erneut ansetzen, sonst muß er ausscheiden.

Das gleiche gilt auch für den Slalom, wo der Hundeführer seinen Hund sofort an die Fehlerstelle zurückführen muß.

Für die anderen Fehler wie Abwurf an einem Hindernis oder Nichtberühren der Kontaktzonen wird eine Strafe angerechnet, aber der Lauf wird nicht unterbrochen.

d) Spezifische Fehler bei einem Agility-Hindernis:

- **Tisch:** Auf dem Tisch muß der Hund während 5 Sekunden eine Ruhestellung einnehmen in der vorgegebenen Position:
  - im ersten Grad: Stellung »Liegend«;
  - im zweiten und dritten Grad: ist es am Prüfungsrichter vor der Prüfung zu bestimmen, welche Position einzuhalten ist, entweder »Liegen«, »Sitzen« oder »Stehen«.

  Die gewählte Stellung ist die gleiche für alle Konkurrenten der Prüfung.

Wenn der Hund den Tisch vor Ende der 5 Sekunden und vor dem Befehl des Prüfungsrichters verläßt, wird er mit 5 Punkten bestraft. Er muß wieder auf den Tisch zurück, um seine 5 Sekunden zu beenden, sonst scheidet er aus. Das Abzählen beginnt erst, wenn der Hund in der vorgegebenen Stellung ist. Es wird unterbrochen, wenn der Hund diese Stellung verläßt, und wieder aufgenommen, sobald er sie wieder einnimmt.

Der Sprung auf den Tisch ist von drei Seiten her erlaubt, nämlich von Seite A, Seite B und Seite C. Wenn der Hund am Tisch vorbeigeht oder unter dem Tisch hindurchgeht, so wird er für diese Verweigerung bestraft. Er kann aber, egal an welcher Seite, auf den Tisch springen und wird nicht ausscheiden wegen Angehens eines Hindernisses von der verkehrten Seite her. Wenn der Hund über den Tisch rutscht, wird er mit einem Fehler bestraft. Er muß dann aber, egal an welcher Seite, wieder auf den Tisch steigen.

- **Laufsteg:** Wenn der Hund vom Hindernis springt, ohne vorher mit vier Pfoten den absteigenden Teil berührt zu haben, wird das als Verweigerung bestraft: 5 Punkte.

- **Wippe:** Wenn der Hund von der Wippe springt, bevor er die Achse der Wippe überschritten hat, wird das als Verweigerung bestraft: 5 Punkte. Die Wippe muß zwangsläufig den Boden berühren, bevor der Hund sie verläßt, sonst gibt es 5 Fehlerpunkte.

- **Schrägwand:** Wenn der Hund von der Schrägwand springt, bevor er die vier

Pfoten auf die absteigende Wand gestellt hat, wird das als Verweigerung bestraft: 5 Punkte.

- **Slalom:** Zu Beginn muß der erste Pfosten sich auf der linken Seite des Hundes befinden, der zweite rechts und so weiter. Wenn der Hund den Slalom falsch beginnt, wird er mit einer Verweigerung bestraft, verfehlt er ein Tor, wird er mit einem Fehler bestraft; auf jeden Fall muß der Hundeführer den Fehler sofort berichtigen, indem er seinen Hund zur Fehlerstelle zurückbringt. Der Slalom ist das einzige Hindernis, bei welchem man den Hund zwingt, zu der Fehlerstelle zurückzugehen; dadurch wird er in der Zeit bestraft. Durch diese Handhabung werden alle falschen Eingänge als Verweigerung bestraft = 5 Punkte. Andererseits werden die Fehler im Slalom selbst auf maximal 5 Punkte begrenzt. Die maximale Strafe im Slalom beträgt 15 Punkte (2 Verweigerungen = 10 Punkte + 1 oder mehrere Fehler = 5 Punkte). Im Falle eines falschen Abganges wird die Ausschließung ausgesprochen, wenn der Hundeführer diesem nicht Rechnung trägt und das nächste Hindernis angeht.

- **Weitsprung:** Die Elemente des Weitsprungs werden so aufgestellt, daß man einen Sprung von 1,20 bis maximal 1,50 m erhält. (Mini Agility: 0,60 bis 0,75 m). In der Breite überspringen oder am Hindernis vorbeigehen wird als Verweigerung angesehen und mit 5 Punkten bestraft. Berühren, Umwerfen eines Elementes oder eine Pfote zwischen die Elemente setzen wird mit 5 Punkten bestraft. Gehen im Weit-

sprung wird als Verweigerung bestraft: 5 Punkte.

- **Wassergraben:** Vergleichbar mit dem Weitsprung, wird aber am Anfang des Hindernisses durch eine niedrige Hürde mit Stäben vervollständigt. Die Strafbestimmungen sind die gleichen wie für den Weitsprung. Wenn der Hund die Wasseroberfläche berührt, bekommt er 5 Strafpunkte.

- **Kombination von zwei oder drei Hindernissen:**
Jedes der Elemente einer Kombination wird unabhängig beurteilt. Verweigerungen oder Abwürfe werden auf jedes Hindernis addiert. Im Falle einer Verweigerung eines Hindernisses ist mit der Gesamtheit der Kombination neu zu beginnen.

Fehler, die den Ausschluß nach sich ziehen

- Unkorrektes Verhalten dem Prüfungsrichter gegenüber
- Mißhandlung des Hundes durch den Hundeführer
- Überschreiten der Maximalzeit für die Strecke
- Die dritte Verweigerung auf der gesamten Strecke
- Wenn die Hindernisse nicht in der angegebenen Reihenfolge absolviert werden
- Wenn ein Hindernis übersehen wird
- Wenn die Hindernisse in der falschen Richtung angegangen werden
- Wenn der Hundeführer selbst ein Hindernis überspringt
- Wenn der Hundeführer etwas in der Hand hält

- Wenn der Hundeführer seinen Hund an den Start zurück nimmt, nachdem dieser schon die Startlinie überschritten hatte (Ausnahme: auf Befehl des Prüfungsrichters)
- Wenn der Hund ein Halsband trägt
- Anhalten auf der Strecke durch den Hundeführer ohne Befehl des Prüfungsrichters
- Wenn der Hund sich vergißt, das Gelände verläßt oder sich nicht mehr unter der Kontrolle seines Hundeführers befindet.

Die Ausschließung zieht die Disqualifikation und den sofortigen Abgang des Hundeführers und seines Hundes nach sich. Die Ausschließung muß vom Prüfungsrichter durch einen Pfeifton oder ein Hornsignal angezeigt werden. Alle nicht vorhergesehenen Fälle werden durch den Prüfungsrichter beurteilt.

Selbstverständlich soll der Prüfungsrichter vom Beginn bis zum Ende des Wettbewerbs von gleicher Milde oder gleicher Strenge sein.

Fälle von höherer Gewalt

Bei einem Zwischenfall ohne Zutun des Hundeführers, wie z. B. dem Umfallen von Hindernissen oder dem Verwickeln des Stofftunnels, kann der Prüfungsrichter den Hundeführer anhalten und selbstverständlich auch die Zeitnahme. Nachdem das Hindernis wieder in Ordnung gebracht ist, läßt der Prüfungsrichter die Zeitnahme wieder aufnehmen und setzt den Hund wieder an der Stelle an, wo er angehalten wurde. Alle vorher erhaltenen Strafpunkte bleiben gültig.

Qualifikationen/Auszeichnungen

Für die Prüfungen werden folgende Qualifikationen zuerkannt:
- von 0 bis 5,99 Gesamtstrafpunkten = Vorzüglich
- von 6 bis 15,99 Gesamtstrafpunkten = Sehr gut
- von 16 bis 25,99 Gesamtstrafpunkten = Gut
- ab 26 Gesamtstrafpunkten = keine Klassierung

Unter Gesamtstrafpunkten versteht man die Summe der Fehlerpunkte an den einzelnen Hindernissen (pro Punkt) plus Strafen für das Überschreiten der Standardzeit.

Das **F.C.I. Agility Diplom** wird jedem Hund zuerkannt, der dreimal die Bewertung »Vorzüglich« unter zwei verschiedenen Agility-Richtern während 3 Prüfungen im Agility 1. Grad erhalten hat.

Klassierung

Die Klassierung erfolgt unter Berücksichtigung folgender Faktoren:
1. Der Summe der Strafpunkte (Fehler auf der Strecke + Zeitstrafen)
2. Im Falle gleicher Gesamtstrafen wird jener Hund als erster klassiert, der die wenigsten Streckenfehler aufzuweisen hat.
3. Im Falle gleicher Gesamtstrafen und gleicher Streckenfehler berücksichtigt man die reale Zeit.

Beispiel für eine Klassierung für die Strecke von 60 Sekunden

Rücken nummer	Strafen/ Strecke	Reale Zeit	Zeit- strafen	Gesamt- strafen	Klassierung
7	5	58,71	0,00	5,00	3
12	0	65,00	5,00	5,00	1
18	5	57,25	0,00	5,00	2
4	0	68,32	8,32	8,32	4
15	10	59,17	0,00	10,00	6
2	5	65,00	5,00	10,00	5

Organisation eines Wettbewerbes

Klubs, die Agility-Prüfungen organisieren möchten, müssen:
1. sich nach einem Gelände umsehen mit den Mindestmaßen von 20 m x 40 m. Die Beschaffenheit des Geländes muß derart sein, daß auf der Gesamtheit der Strecke keinerlei Gefahr für den Hund oder den Hundeführer besteht (keine Glasscherben, Nägel, Unebenheiten usw.);
2. einen Prüfungsrichter auswählen, der für das vorliegende Programm durch sein L.A.O. nominiert und durch die F.C.I. anerkannt ist (qualifizierter Richter oder Anwärter, der richten kann);
3. über die notwendigen Personen für einen guten Ablauf des Wettbewerbs verfügen, nämlich:
- **1 Assistenten des Richters**, der es ihm erlaubt, den Hund, der auf der Strecke ist, nicht aus den Augen zu lassen. Er notiert die vom Prüfungsrichter angegebenen Strafpunkte.
- **2 Zeitnehmer** (ein Offizieller und eine Sicherheitskontrolle), die mit der Zeitnahme des Umlaufs betraut sind.
- **2 Geländekommissare** mit der Aufgabe, die umgefallenen Hindernisse auf ihren Platz zu stellen und den Stofftunnel nach jedem Durchlauf wieder zu spannen.
- **(Wenigstens) 2 Sekretäre**, um die Resultate auf die Beurteilungsblätter zu übertragen, die Klassierung aufzustellen und die Leistungshefte auszufüllen.
- **1 Kommissar für die Konkurrenten**, zu dessen Aufgaben es gehört, die Konkurrenten in der vorgesehenen Reihenfolge vorzubereiten und den guten Ablauf der Prüfung zu gewährleisten.

Eine Mannschaft von 6 Personen ist vorzusehen für das Aufstellen und Versetzen der Hindernisse gemäß den Angaben des Prüfungsrichters.

Allgemeine Bedingungen für die Zulassung zu den Wettbewerben

An den Wettbewerben können teilnehmen:

a) an den von der F.C.I anerkannten, offiziellen Agility-Prüfungen:
die für die Zuerkennung des F.C.I.-Agili-

ty-Diploms und für die Auswahl für die nationalen Prüfungen und die Welt-Meisterschaft der Agility der F.C.I. zählen: Hunde aller Rassen, die älter als 15 Monate sind, in einem durch die F.C.I. anerkannten Zuchtbuch eingetragen und Mitglied eines Klubs einer Landesorganisation sind, die der F.C.I. angeschlossen ist.

Die Teilnehmer müssen ein Leistungsheft oder eine Lizenz besitzen, ausgegeben durch ihre L.A.O., in welches alle Prüfungsergebnisse eingetragen werden.

b) an den nicht-anerkannten Prüfungen: Alle Hunde, die älter als 15 Monate sind, mit oder ohne Stammbaum, aber zwangsläufig tätowiert, und die Mitglied eines Klubs einer L.A.O. sind, die der F.C.I. angeschlossen ist.

An den Prüfungen können nicht teilnehmen:

- trächtige Hündinnen,
- läufige Hündinnen,
- offensichtlich kranke oder verwundete Hunde.

Alle Hunde, die aus einer Region kommen oder in eine Region gehen, in welcher die Tollwut herrscht, müssen mit einer gültigen Bescheinigung über die Tollwut-Impfung versehen sein. Der Hundeführer muß Mitglied eines Klubs sein, der selbst seiner Landesorganisation angeschlossen ist. Ausländische Mannschaften (Hundeführer/Hund) müssen ihre Zugehörigkeit zu einer durch die F.C.I. anerkannten L.A.O. und ihre Teilnahme an offiziellen Wettbewerben ihres Landes nachweisen. Eine korrekte Kleidung der Konkurrenten wird verlangt. Jeder Akt von Brutalität des Hundefüh-

■ *Im Agility-Sport ist stets volle Konzentration nötig.*

rers gegenüber seinem Hund wird strengstens bestraft und die Disqualifizierung erfolgt sofort, unabhängig von jedem weiteren Rechtsmittel, welches gegen den Hundeführer eingeleitet werden könnte. Der organisierende Klub behält sich das Recht vor, Einschreibungen zu verweigern.

Bei den offiziell anerkannten Prüfungen sind nur Rassehunde zugelassen. Mischlinge dürfen an den nicht anerkannten Prüfungen teilnehmen.

Kategorien der Prüfungen und Arbeitsklassen

Zwei Kategorien von Prüfungen sind vorgesehen:
1. Offiziell anerkannte Prüfungen
2. Nicht-anerkannte Prüfungen
Zwei Arbeitskategorien sind vorgesehen:
1. Die Standard-Kategorie: Hunde von mehr als 40 cm Widerrist
2. Die Mini-Kategorie: Hunde von weniger als 40 cm Widerrist.

Hunde von weniger als 40 cm Widerristhöhe können nur in der Mini-Agility-Kategorie teilnehmen. Hunde mit beschränkter Größe Mini/Standard werden ein offizielles Beweisstück der Höhe am Widerrist vorlegen müssen.

1. Offizielle durch die F.C.I. anerkannte Agility-Prüfungen

Diese Prüfungen stehen Hunden aller Rassen offen, die mehr als 15 Monate alt sind, in einem durch die F.C.I. anerkannten Zuchtbuch eingetragen und mit einem durch ihre L.A.O. ausgehändigten Leistungsheft oder Lizenz versehen sind.

Die anerkannten Prüfungen umfassen drei Klassen:
a) **Die Agility-Klasse 1. Grad**
   Den Hunden vorbehalten, die ihr Agility-Diplom noch nicht erhalten haben.
b) **Die Agility-Klasse 2. Grad**
   Den Hunden offenstehend, die schon ihr Agility-Diplom besitzen.
c) **Die Agility-Klasse 3. Grad**
   Den Hunden offenstehend, die dreimal unter den drei Erstplazierten einer Prüfung des 2. Grades, ohne Fehler, waren.

Auf dem Übungsplatz findet der Husky ein tolles Betätigungsfeld.

Um die Strecke aufzustellen, verwendet der Prüfungsrichter die von der F.C.I. anerkannten Hindernisse nach seinem Gutdünken.

Für die Agility-Strecke 1. Grad läßt man den Hund auf maximal drei Hindernissen mit Kontaktzonen arbeiten (nach Wahl des Prüfungsrichters). In der Agility-Strecke 2. Grad und 3. Grad gibt es maximal vier Hindernisse mit Kontaktzonen, nach Wahl des Prüfungsrichters. Pro Strecke darf der Slalom nur einmal durchlaufen werden. Die Hindernisse mit Kontaktzonen werden niemals direkt beim Start oder beim Ziel aufgestellt. Der Reifen oder der Weitsprung werden immer in gerader Linie aufgestellt.

Der Unterschied zwischen einer Agility 1. Grad und einer Agility 2. Grad und einer Agility 3. Grad besteht in der Schwierigkeit im Streckenverlauf und in seiner Länge sowie in der Bewegungsgeschwindigkeit, die die Standardzeit für die Strecke festlegt. Eine Agility 2. Grades bzw. 3. Grades bedeutet also, daß der Hund einen schwierigeren Parcours in einer knapper bemessenen Zeitspanne absolvieren muß.

Kategorie Mini-Agility

Hier gelten die gleichen Vorschriften wie oben, aber die Hindernisse müssen den festgelegten Normen für die Mini-Agility entsprechen.

Die bei anerkannten Prüfungen erhaltenen Resultate werden in das Leistungsheft oder die Lizenz eingetragen und erlauben die Teilnahme an Nationalen Meisterschaften, selbst an Weltmeisterschaften der F.C.I.

2. Nicht-anerkannte Prüfungen

Sie sind der Initiative der einzelnen Länder überlassen. Diese nicht-anerkannten Prüfungen müssen im Sinne der Agility bleiben und die Sicherheit von Hund und Hundeführer gewährleisten. Der Prüfungsrichter gibt die Regeln vor jeder Prüfung genau bekannt. Die Notierung von nicht-anerkannten Prüfungen kann standard oder spezifisch sein, je nach dem Typ der Prüfung. Die Anzahl von nicht-anerkannten Prüfungen wird vom Organisationsklub, unter Berücksichtigung der verfügbaren Zeit und der Anzahl der eingeschriebenen Hunde, festgelegt.

Mobility – die kleine Schwester von Agility

Von England kommend, erfuhr der Agility-Sport innerhalb weniger Jahre eine rasante Verbreitung. Der Spaß für Herrn und Hund läßt sich jedoch nur dann umsetzen, wenn beide flink, wendig, beweglich – sprich: agil sind. Das trifft nun freilich nicht auf alle Hundehalter und ihre Hunde zu. Deshalb lag der Gedanke nahe, für weniger geschwindigkeitsbesessene Hundeführer und deren Hunde eine entsprechende Disziplin zu schaffen.

Die damalige »Kommission Agility – Hund und Freizeit« – jetzt Kommission Agility, Mobility und Obedience (KAMO) – in der Schweiz erarbeitete ein Programm zum Mitmachen für jedermann nach dem Motto JEKAMI. Dieses Programm sollte »allen Leuten und allen Hunden, ob groß oder klein, jung oder alt, leicht oder schwer, regsam oder bedächtig«, zumutbar sein.

So wurde 1990 in der Schweiz Mobility, der Sport für bewegliche Hundehalter, sozusagen als kleine Schwester von Agility aus der Taufe gehoben. Wer einmal einer Mobility-Veranstaltung in der Schweiz beiwohnt, wird den Sinn dieser Schöpfung rasch begreifen. Ohne Zeit-

Ein Brett auf zwei Tonnen – das ist schon eine wackelige Angelegenheit, die dieser Hund aber perfekt meistert!

und Leistungsdruck finden sich die Hundehalter zusammen, um sich gegenseitig in einem lockeren und fröhlichen Wettkampf – wenn man denn überhaupt von einem solchen sprechen kann – zu messen. Es ist zu erkennen, daß viele Hundehalter gerade das erstemal auf dem Hundeplatz weilen, um mit Gleichgesinnten einen schönen, sportlich angehauchten Tag mit den Hunden zu verbringen. Es gilt nicht, vor strengem Richterauge zu bestehen, denn einen solchen gibt es bei der Mobility-Veranstaltung nicht. Die Oberaufsicht obliegt einem vom Organi-

> Mobility steht unter dem Motto JEKAMI (**je**der **ka**nn **mi**tmachen) allen Hunden und deren Besitzern offen!

sator ernannten Spielleiter, der für einen reibungslosen Ablauf der Veranstaltung verantwortlich ist. Dem Spielleiter untersteht eine genügende Anzahl von Bewertern und Arbeitsposten an den einzelnen Hindernissen.

Die Teilnahmebedingungen besagen, daß jeder Hundeführer an einer Mobility-Veranstaltung teilnehmen kann, sofern er seinen Hund unter genügender Kontrolle hat. Alle Hunde, die älter als neun Monate sind, sind startberechtigt. Nicht teil-

■ Die vorgeschriebene Mobility-Strecke ist mit Fähnchen markiert.

nahmeberechtigt sind offensichtlich kranke Hunde und läufige Hündinnen.

Für die Gültigkeit von 15 Starts bekommt jeder Teilnehmer einen Leistungsausweis, den er bei jeder Veranstaltung vorzulegen hat, um eintragen zu lassen, wann, wo und mit welcher Bewertung er teilgenommen hat. Einen Anreiz, nicht schon nach der ersten Mobility-Veranstaltung die Flinte ins Korn zu werfen, weil vielleicht Herr oder Hund an diesem Tag nicht in optimaler Verfassung waren,

■ Diese Übung findet beim Publikum besonders viel Anklang, denn der Hund, der sich fahren läßt, sieht lustig aus.

geben die Veranstalter dadurch, daß nach fünf Mobility-Veranstaltungen, die mit der Bewertung »bestanden« abgeschlossen wurden, der Hundeführer gegen Vorlage des Leistungsausweises eine Auszeichnung in Form einer Medaille erhält.

Manch ein Mobility-Teilnehmer, der eigentlich keine weiteren sportlichen Aktivitäten ins Auge gefaßt hatte, geht später voller Begeisterung zu den nächsthöheren, für sich und seinen Hund geeigneten Anforderungen über. So bietet Mobility nach dem Hineinschnuppern auch die Möglichkeit, in den Agility-Sport zu wechseln.

◼ Mobility-Parcours

Parcours-Anlage

Der Parcours muß so angelegt sein, daß er von jedem gesunden Hund, gleich welcher Rasse, mit seinem Führer absol-

viert werden kann. Er ist auf einem überschaubaren Gelände (Sportplatz, Wiese, Übungsplatz) anzulegen. Der Parcours besteht wahlweise aus 15 der 18 zugelassenen Hindernissen. Jedes Hindernis muß numeriert sein und ist in der damit vorgegebenen Reihenfolge zu absolvieren.

Ausführung

Das Zeitlimit pro Hindernis beträgt eine Minute (Beginn bzw. Ende der Arbeit beim Durchschreiten der gesteckten Fähnchen). Ein Verlassen der Hinderniszone vor Erfüllen der Aufgabe wird als Fehler gewertet, ebenso das seitliche Auf- bzw. Abspringen von Hindernissen.

Der Führer begleitet seinen Hund seitlich zu den Hindernissen und darf ihn jederzeit aufmuntern. Ein in der Aufgabe vorgeschriebenes Verweilen kann stehend, sitzend oder liegend ausgeführt werden. Der ganze Parcours kann mit an- oder abgeleintem Hund absolviert werden.

◼ *Der Mobility-Parcours ähnelt in manchem dem Agility-Parcours, aber es geht etwas gemütlicher zu.*

Die Schrägwand hat dieser Husky mit Bravour erklommen.

Bewertung

Die Aufgaben werden bewertet mit »erfüllt« oder »nicht erfüllt«. Der Parcours gilt als bestanden, wenn von den 15 Aufgaben mindestens 12 mit dem Prädikat »erfüllt« bewertet wurden.

Hindernisse

Alle Hindernisse müssen vorn und hinten in 1,5 Metern Abstand mit Fähnchen markiert werden. Diese Fläche stellt die Hinderniszone dar. Sämtliche Hindernisse müssen so gebaut, aufgestellt und fixiert werden, daß Verletzungen (z. B. durch vorstehende Schrauben, Nägel, Draht) ausgeschlossen sind.

1. Schrägwand

Diese wird im Winkel so aufgestellt, daß die Höhe in der Mitte 1,2 m beträgt.

Aufgabe: Der Hund muß die Schrägwand heraufklettern und sie auf der anderen Seite wieder hinunterlaufen.

2. Hochsprung

Das Hindernis muß 50 cm hoch sein.
Aufgabe: Der Hund hat das Hindernis zu überspringen.

3. Slalom

Dieser besteht aus fünf im Abstand von 60 cm fixierten Stangen.
Aufgabe: Der Hund hat die Stangen korrekt von rechts nach links zu umgehen. Unkorrektes Umgehen oder Auslassen einer Stange ist fehlerhaft.

4. Tisch

Stabiler Tisch von normaler Höhe mit fixiertem Auf- und Abgang.
Aufgabe: Der Hund steigt oder springt auf das Hindernis, wo er während 30 Sekunden zu verweilen hat.

Leiterwagen.

5. Leiterwagen

Benötigt wird ein Vierradleiterwagen oder eine Schubkarre, welche eine genügend große Sitzfläche aufweist. Eine Strecke von 30 m wird mit Fähnchen markiert.

Auf den Wagen steigen ist eine Sache – beim Anschieben liegenzubleiben, eine andere.

Aufgabe: Der im Wagen verweilende Hund muß über die markierte Strecke gezogen oder geschoben werden, ohne daß er abspringt.

6. Fester Tunnel (Betonröhre, Faß o. ä.)
Aufgabe: Der Hund hat durch den Tunnel zu gehen.

7. Voransenden auf Podest
Als Abgangspunkt wird eine Linie markiert; in 8 m Distanz davon wird ein massives Podest aufgestellt.
Aufgabe: Der Hund wird ab der markierten Linie auf das Podest geschickt, wo er 10 Sekunden zu verweilen hat. Er darf erst auf Abruf zum Hundebesitzer zurückkehren.

8. Schirm
Es wird eine Fläche von 1,2 x 1,2 m markiert; darin ist ein Schirm deponiert.
Aufgabe: Führer und Hund befinden sich innerhalb der markierten Stelle. Während der Führer den Schirm zweimal auf- und zuklappt, hat sich der Hund ruhig zu verhalten und keine Angst zu zeigen.

9. Hundeschaukel
An jeder Ecke eines Holzbrettes (50 x 100 cm) wird ein Seil von 2,50 m befestigt. Die so entstandene Schaukel wird an einem Baum oder an einem Balkenvorsprung so befestigt, daß das Brett etwa 20 cm über dem Boden schwebt. Das Brett wird mit Seilen so fixiert, daß es

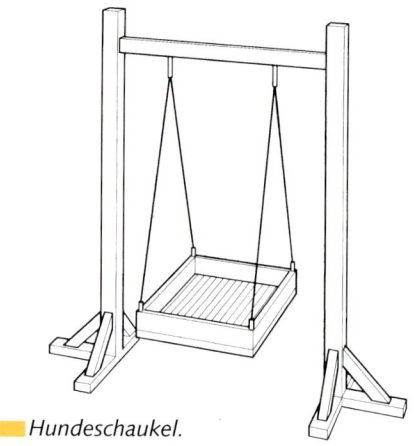

■ *Hundeschaukel.*

nach allen Seiten maximal 30 cm ausschwingen kann.
Aufgabe: Der Hundeführer plaziert seinen Hund auf der freischwebenden Schaukel, wo er 30 Sekunden verharren muß, ohne daß Körperkontakt zum Führer besteht.

10. Schlupfsack

Ein Jutesack ohne Boden, etwa 3 m lang, mit einem Durchmesser von etwa 70 cm, wird auf den Boden gelegt. Den Eingang bildet ein stabiler Bogen.
Aufgabe: Der Hund hat den Schlupfsack zu durchgehen.

11. Faßbrücke

Zwei Fässer mit einem Durchmesser von jeweils etwa 60 cm (200 Liter) werden

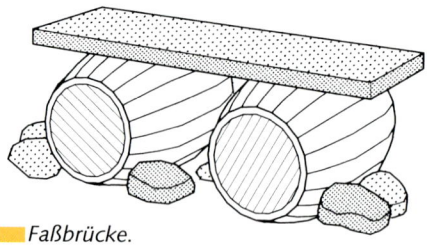

■ *Faßbrücke.*

auf dem Boden so fixiert, daß sie höchstens 10 cm vor- und zurückrollen können. Darüber wird eine Holzdiele von etwa 3 m Länge gelegt.
Aufgabe: Der Hund geht über die Faßbrücke, wobei er in der Mitte 5 Sekunden verharrt. Helfen beim Aufsteigen ist gestattet.

12. Wellblech

Ein Wellblech (Normbreite 85 cm, Länge 2 m) wird auf den Boden gelegt.
Aufgabe: Der Hund muß quer zu den Wellen darüber gehen und darf nicht seitlich wegspringen.

13. Gegenstand tragen

Benötigt wird ein vom Hundeführer frei gewählter Gegenstand, in welchen kein Futter eingeschlossen sein darf. Eine gerade Strecke von 20 m wird markiert.
Aufgabe: Der Hund erhält am Abgang den Gegenstand in den Fang. Der Führer passiert mit dem Hund die markierte Strecke. Vorzeitiges Auslassen des Gegenstandes wird als Fehler gewertet.

14. Reifensprung

Ein Autoreifen (Durchmesser etwa 40 cm) wird ungefähr 40 cm über dem Boden stabil befestigt.
Aufgabe: Der Hund hat den Reifen zu durchspringen. Eine Berührung des Reifens wird nicht als Fehler gewertet.

15. Laufsteg

Dieser darf nicht höher als 50 cm sein und er muß mit einem fixierten Auf- und Abgang versehen sein. Die Lauffläche muß griffig sein.

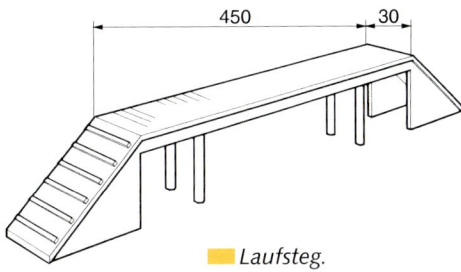

450 30

Laufsteg.

Aufgabe: Der Hund geht über den Laufsteg und muß in der Mitte kurz verweilen.

16. Bändertisch
Ein Tisch oder ein Gestell wird mit freihängenden, farbigen, bis zum Boden

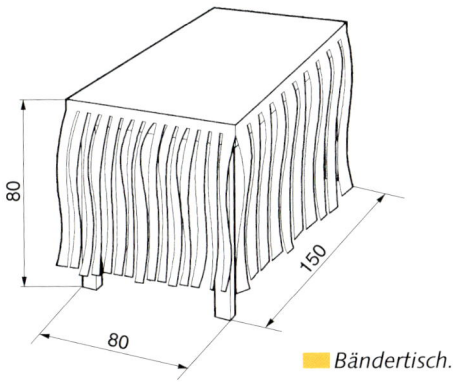

80

80 150

Bändertisch.

reichenden Kunststoffbändern ringsum behängt.

Aufgabe: Der Hund muß unter den Bändern durchgehen.

17. Hund wartet ruhig
Der angebundene Hund verhält sich ruhig, während sich der Führer eine Minute lang außer Sichtweite befindet.

18. Fragen
Es werden dem Hundeführer 10 Theoriefragen nach Wahl gestellt, von denen er acht richtig beantworten muß.

Aus den Übungsbeschreibungen wird bereits ersichtlich, daß Mobility eine fröhliche Sportart ist, die auch dem sportlich weniger ambitionierten Mensch-Hund-Team Spaß und Erfolgserlebnisse bringt. Es bleibt zu hoffen, daß dieser Sport, der bisher vorwiegend in der Schweiz ausgeübt wird, in Zukunft mehr Verbreitung findet.

Andere Sportangebote auf
dem Hundeplatz

Es ist sicher noch kein Vierteljahrhundert her, daß Zuschauer auf Hundesportplätzen höchst ungern gesehene Gäste waren. Die teilweise wenig qualifizierten Ausbilder, für die Verhaltensforschung und eine darauf aufbauende Erziehung der Hunde geradezu Fremdwörter waren, ließen sich aufgrund ihrer eigenen Unsicherheit nicht gerne in die Karten schauen. Wie erfreulich ist es da, daß sich inzwischen auf den Hundesportplätzen vieles zum Guten gewandelt hat! Heute ist zumindest auf dem allergrößten Teil dieser Anlagen jeder Hundehalter, ganz gleich mit welchem Hund – groß oder klein, Rassehund oder Nachkomme nicht klärbarer Abstammung – gern gesehen und wird zum Mittun aufgefordert.

Immer wieder wird darüber diskutiert, ob das, was sich auf den Hundesportplätzen abspielt, etwas mit Sport im weitesten Sinne zu tun hat; manche negieren schon allein die Bezeichnung »Hundesport«, der eben auf dem »Hundesportplatz« ausgeübt wird.

Doch so einfach sollte man das alles nicht abtun, denn wer in den letzten Jahren die vielfältigen Angebote der Hundesportvereine einmal genau verfolgt und auch deren Ausführungen beobachtet hat, muß zu der Erkenntnis gelangen, daß eine sportliche Betätigung mit dem Hund und die Beteiligung an entsprechenden Wettbewerben Training, Durchhaltevermögen – also sportliche Fitneß – von Herrn und Hund erfordert. Dazu ist vor allem ein einwandfrei funktionierendes Mensch-Hund-Team vonnöten, das nur durch regelmäßiges, verhaltensgerechtes Training entsteht. Zwar ist der Mensch vom ersten Tag des Zusammenlebens an der Boß im Rudeldenken des Hundes (zumindest sollten diesbezüglich sowohl beim Hündchen der kleinsten Rasse als auch bei einem Hund, dessen Widerristhöhe sich um die 80 cm bewegt, alle Mißverständnisse bereinigt sein und in dieser Hinsicht absolute Klarheit herrschen), doch muß bei einer Teamarbeit das harmonische Miteinander – die Gleichstellung der Partner – gegeben sein. Das aus dem Englischen stammende Wort teamwork bedeutet ja Gemeinschafts-, Gruppen- und – in unserem Fall ganz besonders wichtig – Zusammenarbeit.

◼ *Auf die Plätze, fertig, los! Im Team sind Hund und Besitzer gleichermaßen gefordert.*

■ *Viele Jugendliche beteiligen sich mit ihren Hunden am Breitensport. Hier warten sie gespannt auf das Startzeichen.*

Fit und gesund durch Sport mit dem Hund: Breitensport

Dem Hundehalter mit sportlichen Ambitionen bietet sich die Möglichkeit, sich nach dem Welpenspielkurs mit seinem Hund einer sogenannten **Basisausbildung** zu unterziehen, ohne daß die Hunde zu Spezialisten geschult werden. Eine weitergehende Förderung des Hundes kann im Anschluß an diese Basisausbildung erfolgen.

Vielfach ist jedoch nicht nur das sportliche Tun von Herrn und Hund die Motivation zur Teilnahme an Übungskursen auf dem Hundesportplatz; manche Hundehalter kommen, auf sich allein gestellt, mit der Erziehung ihres Hundes einfach

nicht weiter; das geschieht besonders dann, wenn die Welpenschulung vernachlässigt wurde. Sie suchen dann in der Gruppe Unterstützung vor allem in Fragen der Erziehung, aber auch der Haltung. Gerade für all jene, die zum ersten Mal einen Hund haben, ist der Hundesportplatz auch ein Ort des Erfahrungsaustausches.

Die Teilnahme am **Breitensport** setzt eigentlich nur den Nachweis aller Schutzimpfungen des Hundes und den Abschluß einer Haftpflichtversicherung voraus. Erwünscht sind Hunde aller Rassen und aller Größen und natürlich auch Mischlinge. Da arbeitet der kleine Yorkshire eifrig in der gleichen Gruppe wie etwa der große Berner Sennenhund. Hier lernen sich große und kleine Hunde tolerieren, und wenn sie sich mitunter auch gar nicht mögen, so müssen sie sich doch wenigstens vertragen. Das ist oberstes Gebot und eigentlich auch der tiefere Sinn der Ausbildung, nämlich das Miteinanderauskommen; das heißt, es wird größter Wert darauf gelegt, daß die einzelnen Hunde gegenüber Artgenossen keine Aggressionen zeigen. So werden beispielsweise Situationen des täglichen Lebens simuliert, in denen sich selbst der größte Raufbold zurückhalten muß – wenn es auch schwerfällt.

Beim Breitensport sind nicht nur die Hunde gefordert, auch der Hundeführer muß in guter Kondition sein. Um auch hier Gerechtigkeit herrschen zu lassen, erfolgt eine Einteilung der Hundeführer in Altersgruppen.

Erfreulich ist der hohe Anteil an jugendlichen Hundeführern. Mit der speziellen Jugendarbeit im Breitensport versucht man ganz gezielt, junge Menschen an den Hund heranzuführen und für die Beschäftigung mit dem Hund in sportlicher Gemeinsamkeit zu begeistern. So werden Jugendfreizeiten und Jugendlager veranstaltet mit dem Ziel, dem einzelnen Jugendlichen in der Gruppe Zusammengehörigkeitsgefühl zu vermitteln und ihm Verantwortung für den ihm anvertrauten Vierbeiner zu übertragen.

Es ist nun aber beileibe nicht damit getan, sich einer Breitensportgruppe

> Im Breitensport muß zwischen dem gut eingespielten Team aus Mensch und Hund absolutes Vertrauen herrschen.

anzuschließen und bis zur vereinsinternen, mit einer Urkunde gewürdigten Prüfung einmal in der Woche insgesamt 10 Stunden auf dem Hundesportplatz zu üben. Nur wenn das auf dem Platz Erlernte immer und immer wieder eine Auffrischung erfährt, können Hund und Hundeführer zu einem erfolgreichen Team zusammenschmelzen. Der Hund vollbringt seine Leistungen nur, wenn die Übungen durch ständiges Wiederholen gefestigt und schließlich im Gedächtnis des Hundes verankert werden.

Altersmäßig ist der Hund innerhalb des Breitensports keinen Bestimmungen unterworfen; er sollte jedoch wenigstens ein halbes Jahr alt und auch körperlich den Anforderungen gewachsen sein. Hier haben die Ausbilder ein waches Auge darauf, daß dem einzelnen Hund nicht mehr zugemutet wird, als seine momentane Konstitution zuläßt.

Die erste Stunde der insgesamt 10 Übungsstunden wird üblicherweise der Erörterung theoretischer Fragen gewidmet, wobei neben den rein sportlichen Aspekten auch eine Aufklärung über richtige Fütterung, Pflege u. a. erfolgt. Über mögliche Krankheiten des Hundes und deren Behandlung referiert häufig ein Tierarzt.

Ohne Gehorsam geht nichts: Gehorsamsübungen

Am Anfang der praktischen Ausbildung stehen die Gehorsamsübungen. Ohne Unterordnung des Hundes ist eine Erziehung nicht möglich. Die einfachen Unterordnungsübungen setzen sich aus mehreren Einzelaufgaben zusammen:

1. Leinenführigkeit,
2. Freifolgen,
3. Sitzübung und
4. Ablegen und Herankommen.

Wie in der Hundeerziehung generell, gelangt man auch hier unter Anwendung von Lob zum Ziel; d. h. bei Wohlverhalten des Hundes bzw. bei Ausführung des geforderten Kommandos darf mit Lob nicht gespart werden. Lob und Tadel müssen stets zum unmittelbaren Zeitpunkt des Geschehens einsetzen!

■ *Voller Einsatz im Wettkampf!*

Der sportliche Teil

Als weitere Ausbildungspunkte stehen
■ der Dreiersprung,
■ der Slalom und
■ ein Hindernisparcours
auf dem Programm.

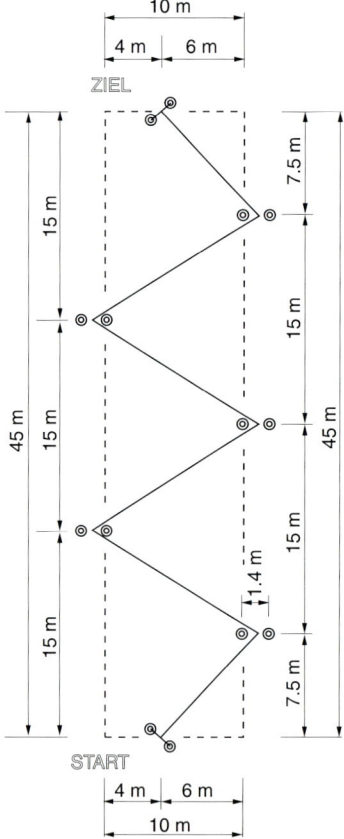

■ *Aufbau einer Slalom-Strecke im Turniersport. Hund und Hundeführer müssen die Slalomstrecke gemeinsam absolvieren.*

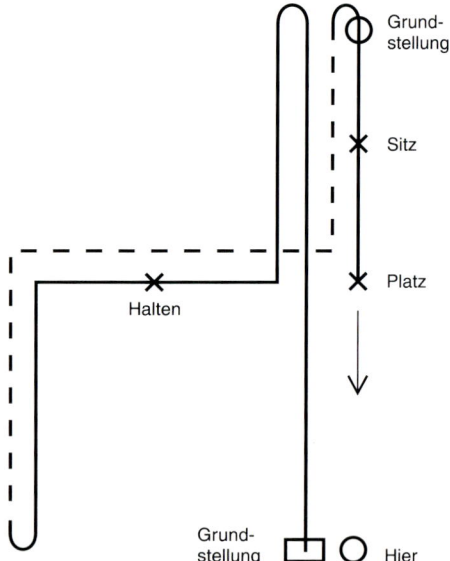

■ *Laufschema für das Training von Gehorsamsübungen.*

Beim Dreiersprung müssen Hund **und** Hundeführer auf das Kommando »Hopp« drei niedere Hürden, die im Abstand von 2,50 m aufgestellt sind, überwinden. Ein flottes Tempo ist hierbei erwünscht, so daß für den großen Hund die Möglichkeit des einfachen Übersteigens der Stangen und für den kleinen Hund ein Untendurchkriechen weitgehend ausscheiden. Es wird aus der schwungvollen Bewegung heraus zum Sprung angesetzt.

Der Slalom besteht darin, daß jeweils ein Hund um die in einer Reihe sitzenden einzelnen Hunde der Gruppe »bei Fuß« neben seinem Hundeführer slalomartig herumläuft. Dabei zeigt sich, wie gut der Hundeführer seinen Hund unter Kontrolle hat. Der marschierende Hund darf sich nicht um die sitzenden Hunde kümmern, und diese wiederum dürfen sich von dem Slalomläufer nicht aus der Reserve locken lassen.

Im Hindernisparcours werden Hindernisse verschiedenster Art überwunden:

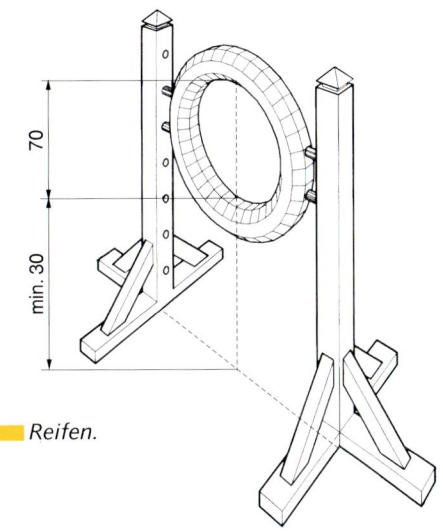
■ *Reifen.*

der Hund springt durch einen Reifen, geht durch einen Tunnel, springt über ein Faß, läuft über einen Laufsteg und klettert über eine Treppe.

■ *Auch hier müssen Hindernisse übersprungen werden.*

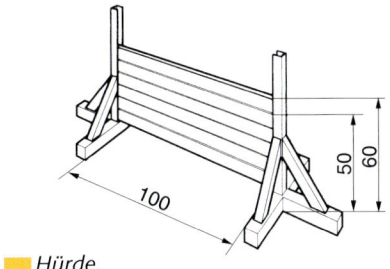
■ *Hürde.*

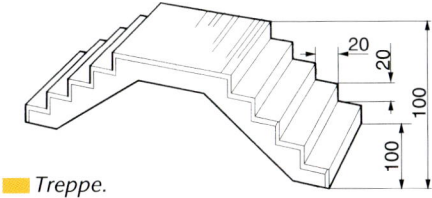
■ *Treppe.*

Am Schluß des Kurses steht schließlich die Abschlußprüfung, die gerne als Erwerb des **Führerscheins für Hunde** bezeichnet wird. Als weiterer Ansporn bieten sich Breitensportturniere und -meisterschaften an. Während all das mehr vereinsintern geschieht, kann als offizielle Prüfung der Titel »Verkehrssicherer Begleithund« angestrebt werden.

Harmonie von Kindesbeinen an

Die Anfänge zum Hundesport werden bereits bei dem – besonders auf großen Ausstellungen gerne vorgeführten – »Junior-Handling« gelegt. Schon hier wird die Harmonie zwischen Kind und Hund während des Vorführens im Ring bewertet, das heißt nicht einfaches Spazieren-

Treppe rauf – Treppe runter!

gehen mit dem Hund, sondern vielmehr das richtige Vorführen des Hundes sowohl im Stand als auch in der Bewegung. Geschieht die Vorführung gemeinsam in einer Gruppe, so ist ein korrekter Abstand einzuhalten. Wichtig ist auch, daß sich der Hund – notfalls unter Hilfestellung des vorführenden Jugendlichen – vom Richter die Zähne anschauen läßt. Aus all dem wird ersichtlich, mit wieviel Ernsthaftigkeit der jugendliche Vorführer sein Tun angehen muß. Hier wird bereits der Grundstein gelegt für ein harmonisches Mensch-Hund-Team.

Das Augsburger Modell

Des weiteren macht noch das sogenannte »Augsburger Modell »von sich reden. Hier bietet der Verein für Deutsche Schäferhunde in der gesamten Bundesrepublik Erziehungs-Kurse an, wobei nicht die Ausbildung des Hundes zum Schutzhund Ziel des Kurses ist, sondern vielmehr zahlreichen Hundebesitzern, die mit ihrem Hund nicht zurechtkommen, die Möglichkeit der Hundeerziehung geboten wird, ohne daß der betreffende Hundehalter nun Mitglied im Verein werden muß. Auch bei diesem Modell wird besonderer Wert auf ein gut funktionierendes Mensch-/Hund-Verhältnis gelegt. Als Endziel der Ausbildung wird die Begleithund-Prüfung angestrebt.

Team Test und Turniersport

Neben vielen anderen Möglichkeiten der Freizeitbeschäftigung mit dem Hund (neben dem Fahrrad mitlaufen lassen, ihn allein oder mit anderen Hunden vor einen Rollwagen oder Schlitten zu spannen, ihn anläßlich großer Wanderungen als Lastenträger einzusetzen) dürfen zwei Arten der Beschäftigung mit dem Hund nicht unerwähnt bleiben, denn sie haben sich wirklich bewährt und durchgesetzt und werden auf fast allen Hundesportplätzen angeboten: Team Test und Turnierhundsport.

Das eine ist der vom Südwestdeutschen Hundesportverband e. V. (swhv) ins Leben gerufene Team Test (Mensch und Hund – zwei Freunde, ein Team; konfliktfreies Miteinander als Programm, von Profis für alle Hundehalter entwickelt), und das andere ist der nach langjährigen, als gelungen zu bezeichnenden Versuchen des swhv auch vom Deutschen Hundesportverband e.V. (dhv) übernommene Breitensport-Turniersport.

Die Anforderungen im **Team-Test** sind im wesentlichen:
- Leinenführigkeit,
- Freifolge,
- Sitzübung,
- »Platz« machen mit Herankommen,
- Anbinden des Hundes (während ein anderes Team die genannten Übungen absolviert, muß der angebundene Hund ruhig liegenbleiben, wobei der Hundeführer aus seiner Sicht entschwindet),
- Durchqueren einer Personengruppe,
- Unbefangenheit des Hundes gegenüber Fahrzeugen und Personen,
- Begegnungsverkehr mit mehreren Personen, einem Fahrrad oder Moped und – ganz wichtig – mit Joggern.

Das Angebot des **Breitensport-Turniersports** umfaßt die Disziplinen:
- Vierkampf (Gehorsamsübungen, Leinenführigkeit, Freifolge, Sitz und Platz),
- Hindernislauf,
- 2000-Meter- und 5000-Meter-Geländelauf.

Der Hindernislauf soll so rasch wie möglich absolviert werden; auf einer Strecke von 75 Metern hat der Hund acht verschiedene Hindernisse zu überwinden, und da der Hundeführer dazu parallel in gleicher Geschwindigkeit mitlaufen muß, sollten Herr und Hund gute Kondition haben. Noch anstrengender wird es für den teilnehmenden »Zweibeiner« beim Geländelauf!

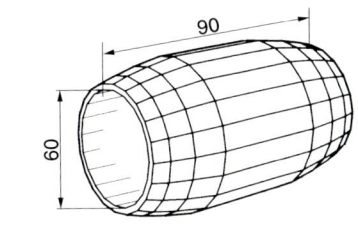

Tonne.

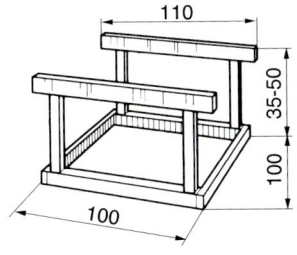

Hoch-Weit-Sprung.

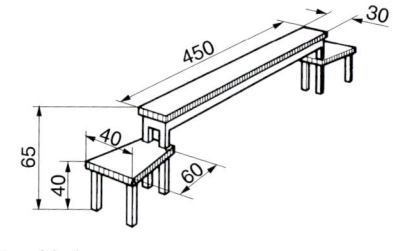
■ *Laufdiele.*

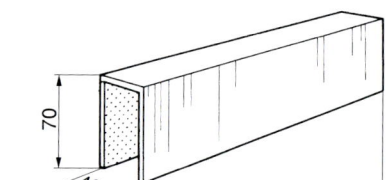
■ *Tunnel.*

Zugelassen sind alle Hunde – gleich welcher Rasse oder »rasselos«. Wie im großen olympischen Sport sollte das Motto lauten: »Dabeisein ist alles« – doch wen einmal das »Turniersport-Fieber« gepackt hat, der findet sich oft jedes Wochenende mit seinem Vierbeiner zum sportlichen Wettkampf mit Gleichgesinnten auf dem Hundesportplatz.

Die Teilnahme an den Turnieren wird in einem speziellen Leistungsbuch vermerkt mit Angaben über Turnierort, Datum und erreichte Bewertung.

▌Zwei Freunde, ein Team: ▌Der Team-Test

Das Programm Mensch & Hund »Team« strebt ein konfliktfreies Miteinander – nämlich das von Mensch und Hund – an. Doch nicht nur die Verständigung zwischen dem Hundehalter und seinem Vierbeiner ist angesprochen, auch Menschen

außerhalb des »Teams« werden in das Programm eingebunden.

Hundehalter, die an einem Lehrgang dieser Art teilnehmen, befriedigen damit weniger sportlichen Ehrgeiz; sie bekennen sich vielmehr als Besitzer eines Hundes zur Verantwortung gegenüber der Öffentlichkeit und bewirken in dieser letztlich eine positive Darstellung des Hundes.

> Der Team-Test soll zeigen, daß sich Hunde jeglicher Rasse und Art reibungslos in das tägliche Leben einfügen können. Dazu gehören besonders die Übungen im Begegnungsverkehr mit Radfahrern, Joggern und Menschengruppen.

Die Basisausbildung beinhaltet die Leinenführigkeit des Hundes sowie Sitz- und Platzübungen, wobei der Hundehalter lernt, fachgerecht mit der Führleine umzugehen. Er erfährt außerdem, wie er Kommandos (Hörzeichen) und Körperhilfen richtig einsetzt. Sein Hund lernt, daß er sich Menschen und Artgenossen gegenüber friedfertig verhalten soll. Die Gruppenarbeit fördert das Meute-Erlebnis (nicht nur für den Hund), und in den Trainingspausen bietet sich genügend Gelegenheit, mit den anderen Hunden herumzutollen.

Das Gespräch mit Gleichgesinnten sollte auch nicht zu kurz kommen, und wenn am Ende der Ausbildung jeder Hundehalter einen folgsamen und zuverlässigen Begleiter sein eigen nennt, ist das Ziel des Kurses erreicht.

Leinenführigkeit

Aufgabe: Der Hund ist mit einem Halsband (handelsübliches Ketten-, Leder- oder Kunststoffhalsband) angeleint und geht an der linken Seite eng am Knie des Hundeführers freudig mit. Die Leine muß lose durchhängen und wird in der linken Hand gehalten. Sobald der Hundeführer anhält, hat sich der Hund sofort ohne Einwirkung neben ihn zu setzen.

Durchführung: Hundeführer und Hund gehen aus der Grundstellung (Hundeführer steht, Hund sitzt links) eine Strecke von etwa 50 bis 60 Schritte geradeaus. Nach einer Linkswendung gehen sie nach etwa fünf Schritten in Laufschritt über. Nach weiteren 20 Schritten ist über etwa fünf Ausgleichsschritte in den langsamen Schritt überzuwechseln. In dieser Gangart sind ebenfalls etwa 20 Schritte zu zeigen. Nach fünf Normalschritten schließt sich eine Doppelrechtswendung an. Es folgt im Normalschritt eine Links-, eine Doppellinks- und eine Rechtswendung. Die Länge der Strecke zwischen den Wendungen beträgt 15 bis 20 Schritte. Nach einer beliebigen Kehrtwendung endet die Übung mit der Grundstellung als Ausgangsstellung für die Freifolge. Beim Angehen sowie bei jedem Tempowechsel ist ein einmaliges Hörzeichen »Fuß« erlaubt – aber nicht bei den Wendungen.

Ohne Leine bei Fuß gehen – das bringt Pluspunkte!

führers sofort ohne Einwirkung neben diesen zu setzen.

Durchführung: Nach der vorausgegangenen Übung »Leinenführigkeit« wird der Hund in der Grundstellung angeleint. Die Leine kann in der rechten Hand gehalten oder in die Tasche gesteckt werden. Ansonsten entspricht der Ablauf der Freifolge dem der Leinenführigkeit. Auch hier ist das Hörzeichen »Fuß« beim Angehen sowie bei jedem Tempowechsel erlaubt – jedoch nicht bei Wendungen.

Sitzübung

Aufgabe: Auf das einmalige Hörzeichen »Sitz« hat sich der unangeleinte Hund schnell hinzusetzen; der Hundeführer geht mindestens 20 Schritte weiter. Bis zum Abholen durch den Hundeführer verbleibt der Hund auf seinem ursprünglichen Platz.

Freifolge

Aufgabe: Unangeleint geht der Hund an der linken Seite und eng am Knie des Hundeführers freudig mit. Wieder hat sich der Hund beim Anhalten des Hunde-

Durchführung: Der Hundeführer geht mit dem frei neben ihm gehenden Hund aus der Grundstellung im Normalschritt etwa 10 bis 12 Schritte voran und gibt dann das Hörzeichen »Sitz«, ohne jedoch die Gangart zu wechseln. Ohne dem Hundeführer nachzugehen, der sich nicht umsieht und mindestens 20 Schritte weitergeht, setzt sich der Hund. Nach 20 Schritten dreht sich der Hundeführer zu seinem Hund um und verharrt etwa 15 Sekunden ruhig. Danach geht er zum Hund, um neben ihm die Grundstellung einzunehmen. Die Hörzeichen »Fuß« beim Angehen aus der Grundstellung sowie »Sitz« sind erlaubt.

Platz mit Herankommen

Aufgabe: Der unangeleinte Hund muß sich auf das einmalige Hörzeichen »Platz« schnell hinlegen; der Hundeführer geht unterdessen mindestens 20 Schritte weiter. Bis zum Abrufen durch den Hundeführer verbleibt der Hund auf seinem Platz. Nach dem Abrufen kommt er schnell zum Hundeführer, setzt sich vor diesen und nimmt auf Hörzeichen die Grundstellung ein.

Durchführung: Der Hundeführer geht mit seinem frei neben ihm gehenden Hund aus der Grundstellung im Normalschritt etwa 10 bis 12 Schritte und gibt das Hörzeichen »Platz«, wobei die Gangart nicht zu unterbrechen ist. Sofort und ohne dem Hundeführer nachzugehen, legt sich der Hund hin. Wieder geht der Hundeführer 20 Schritte weiter, dreht sich dann zu seinem Hund um und bleibt mindestens 15 Sekunden ruhig stehen. Er ruft seinen Hund heran, der zügig, ohne das

Tempo zu verlangsamen, herankommen soll und sich vor dem Hundeführer absetzen muß. Nach einer kurzen Pause nimmt der Hund auf das Hörzeichen »Fuß« die Grundstellung ein. Beim Angehen ist das Hörzeichen »Fuß« und beim Hinlegen das »Platz« sowie »Hier« in Verbindung mit dem Namen des Hundes beim Herankommen und zur Einnahme der Grundstellung wiederum »Fuß« zulässig.

Anbinden des Hundes

Aufgabe: Während der genannten vier Übungen eines anderen Hundes wird der Hund an einem Pfosten angebunden und dort abgelegt, wobei sich der Hundeführer außer Sicht des abgelegten Hundes begibt.

Durchführung: Der Hund wird aus der Grundstellung abgelegt, die Leine am Pfosten befestigt. Der Hundeführer begibt sich außer Sichtweite des Hundes. Während der Dauer der Übungen eines anderen Hundes muß der Hund unbeteiligt liegenbleiben, auch dann, wenn eine Hilfsperson in etwa drei Meter Entfernung am Ablegeplatz vorbeigeht. Ist die Vorführung des anderen Hundes beendet, wird der Hund abgeholt, wobei er auf das Hörzeichen »Sitz« die Grundstellung einnimmt. Es kommen die Hörzeichen »Platz« zum Ablegen, »Platz Warten« und »Sitz« zur Einnahme der Grundstellung zur Anwendung.

Durchqueren einer Personengruppe

Aufgabe: Beim Durchqueren einer Personengruppe muß sich der Hund sowohl an der Leine als auch unangeleint unbeteiligt

mit seinem angeleinten Hund auf gerader Linie und auch um die Personen herum bewegen, wobei einmal ein Anhalten mit Grundstellung und einmal ein Ablegen in der Gruppe zu zeigen sind. Danach wird der Hund außerhalb der Gruppe in der Grundstellung abgeleint, und der Ablauf geschieht erneut analog der Übung mit Leine. Etwa 10 m von der Gruppe entfernt steht während der gesamten Übungsdauer ein anderer Hundeführer mit seinem angeleinten Hund. Hörzeichen: »Fuß« und »Platz« beim Angehen bzw. Ablegen in der Gruppe.

■ Ohne Aufhebens geht der Hund bei Fuß an den Joggern vorbei; dazu wird er vorher angeleint.

Unbefangenheit des Hundes gegenüber Fahrzeugen und Personen

zeigen. Er darf die Personen nicht beschnuppern oder anderweitig belästigen.
Durchführung: Mindestens sechs Personen bilden außerhalb des Hundeplatzes eine Gruppe. Der Hundeführer muß sich

Aufgabe: Beim Nachstellen von Parkplatzsituationen muß der Hund die Autos unbefangen umgehen.
Durchführung: Mit dem angeleinten Hund geht der Hundeführer um ein Auto

■ Ein konfliktfreies Miteinander vieler Hunde und Menschen – das wird hier geübt.

■Nichts darf die Hunde aus der Ruhe bringen.

herum, während der Motor angelassen und die Fahrzeugtüre mehrmals zugeschlagen wird. Außerdem unterhält sich der Hundeführer mit dem Fahrer. Der Hund muß sich unterdessen unbefangen verhalten. Das Einnehmen der Grundstellung wird dabei nicht verlangt. Hörzeichen: »Fuß« beim Angehen.

Begegnungsverkehr

Begegnung mit Personen: Zwei bis drei Personen gehen auf einem nicht oder wenig befahrenen Weg dem Hundeführer, dessen Hund frei läuft, entgegen. Der Hund wird bei ca. 20 m Abstand von den entgegenkommenden Passanten zurückgerufen, wobei maximal zwei

■Während sich Hund und Hundehalter zwischen haltenden Autos bewegen, wird eine Autotüre zugeschlagen; der Hund muß völlig gelassen bleiben.

Hörzeichen zum Zurückkommen erlaubt sind. Der Hundeführer leint seinen Hund an, und ohne daß der Hund jetzt korrekt bei Fuß gehen muß, geht man an den entgegenkommenden Passanten vorbei. Der Hund darf die Passanten in keinster Weise belästigen.

Fahrrad- und Mopedverkehr: Der Hundeführer führt seinen Hund an der Leine; von hinten überholt ein Fahrrad- oder Mopedfahrer, der dabei eifrig Klingel- oder Hupsignale gibt. Nach dem Überholen wendet der Fahrer in einem Abstand von ca. 70 m und kommt nun, wieder begleitet von Klingel- oder Hupsignal, Hundeführer und Hund entgegen. Der Hund zeigt sich wiederum unbeeindruckt.

Begegnung mit Joggern: Während der Hund frei läuft, geht der Hundeführer in normalem Schritt einen Weg entlang. Im Laufschritt nähern sich von hinten ein oder zwei Jogger und überholen, ohne das Tempo zu verändern. Der Hundeführer kann nun seinen Hund heranrufen und anleinen, er kann ihn aber auch ablegen, absitzen oder unbeteiligt gehen lassen. Jedenfalls darf der Hund den Joggern nicht entgegenlaufen, ihnen nachspringen oder sie sonstwie belästigen. Die gleiche Übung läuft auch im Begegnungsverkehr ab. Hörzeichen: »Fuß« beim Angehen, nach dem Ableinen »Geh frei«. Die Hörzeichen sind freigestellt in Verbindung mit dem Namen des Hundes; beim Versuch des Belästigens gibt man das Kommando »Pfui Fuß«.

■ *Eine Übung für Fortgeschrittene: »Platz« bleiben, während sich viele Menschen um den Hund herum bewegen.*

■ *Auch hier wird der Hund bei entgegenkommenden Spaziergängern angeleint und passiert die Gruppe dann gelassen.*

Obedience

■ Gehorsam in Perfektion

Die Sportart Obedience, die aus England kommt und auch in den skandinavischen Ländern verbreitet ist, lapidar mit Gehorsamsübungen zu umschreiben, würde dieser nicht gerecht. Obedience als Hohe Schule der Unterordnung zu definieren, trifft den Kern dieser exzellenten Übungen, welche die volle Harmonie von Hundeführer und Hund widerspiegeln, voll und ganz. Jeder, der mit Hundeerziehung und -ausbildung zu tun hat, muß fasziniert sein von dem perfekten Zusammenwirken von Herrn und Hund bei Obedience-Turnieren, das gänzlich ohne Kasernenhoftöne erfolgt.

Dabei sind die Übungen durchaus nicht neu; sie kommen auch in anderen Bereichen sportlicher Disziplinen vor. Doch während sich Hundeführer und Hund in anderen Sportwettkämpfen weitgehend auf den Ablauf vorbereiten können, erwartet sie im Obedience-Parcours stets ein neuer und unvorhersehbarer Ablauf.

Obedience ist im Vergleich zu Agility kein publikumsträchtiger Sport; bei Obedience gibt es keine spektakulären Sprün-

■ *Obedience-Training: Ablegen der Hunde und Entfernen der Hundeführer.*

ge über bunte Hindernisse, es fehlt die Dynamik und Schnelligkeit. Bei einer Großveranstaltung, anläßlich derer Agility und Obedience zur Vorführung gelangen, ist dies deutlich erkennbar. Um den Agility-Parcours scharen sich die Zuschauer so dicht, daß die später kom-

> Obedience kann ohne Übertreibung als »Hohe Schule« des Gehorsams bezeichnet werden!

menden Besucher kaum noch ein Plätzchen mit guter Sicht über den gesamten Platz ergattern können, während um den Obedience-Parcours herum große Freiräume der Zuschauer harren. Obedience ist nur für die Beteiligten spannend und natürlich für fachkundiges Publikum.

Gerade die Aufgabe 10 »Kontrolle auf Distanz« macht deutlich, wie wenig sich Hundeführer und Hund in der Abfolge dieser Übung vorbereiten können. Der Hundeführer muß sich von seinem Hund etwa 20 Schritte entfernen, während der Wettkampfleiter hinter dem Hund seine Position einnimmt. Und hier zeigt sich denn auch die vollkommene Harmonie zwischen Hundeführer und Hund. Einen Hund auf diese Entfernung mittels Hör- und Sichtzeichen die »Platz«-Position einnehmen zu lassen, ist nichts besonderes. Zeigt der Wettkampfleiter auf seiner Tafel dann das Kommando »Sitz« an – wohlverstanden aus der Position »Platz« heraus – und auch noch das »Steh«, ist das – wie anfangs erwähnt – sozusagen die »Hohe Schule« der Unterordnung. Insgesamt hat der Hund mindestens fünfmal auf Geheiß seine Position zu ändern, sonst bleibt die »Kontrolle auf Distanz« in der Wertung punktelos. Daß sich der Hund auch nicht etwa um eine Körperlänge seitlich oder nach hinten verschieben darf, erschwert diese Übung noch zusätzlich.

Wenn auch eine Obedience-Veranstaltung zumindest für den Zuschauer so gar nichts Spektakuläres bietet, so ist dieser noch nicht sehr bekannten Sportart trotzdem unbedingt eine weitere Verbreitung zu wünschen.

Die einzelnen Wettkampfstufen

Obedience Klasse 1

1. Ablegen in der Gruppe
Kommandos: »Platz«, »Bleib«, »Sitz«
Ausführung: Der Hund wird angeleint zu dieser Übung gebracht. Die Hundeführer nehmen mit ihren Hunden in einem Glied, mit einem Abstand von etwa fünf Schritten, in der Position »Sitz« Aufstellung. Nachdem die Hunde abgeleint und in die Position »Platz« gebracht worden sind, entfernen sich die Hundeführer ungefähr 20 Schritte, halten an und nehmen Front zu ihren Hunden. Die Hunde bleiben während zwei Minuten abgelegt.

Wenn der Hundeführer seinen Hund verläßt, darf er das Kommando »Bleib« gebrauchen. Nach Ablauf der Zeit gehen die Hundeführer auf Anweisung des Wettkampfleiters zu ihrem Hund zurück, nehmen den Hund in Grundstellung und leinen ihn an. Die Zeitnahme beginnt, wenn die Hundeführer ihren Platz auf der für diese Übung angegebenen Distanz eingenommen haben. Die Übung muß mit mindestens drei Hunden in der Gruppe durchgeführt werden.
Bewertung: Ein Hund, der mehr als fünf Schritte kriecht, wird abgeholt. Dieser Hund erhält keine Punkte. Für einen Hund, der sich aufsetzt oder aufsteht, ohne seinen Standort zu verändern, der auf einer kürzeren als der oben angegebenen Strecke kriecht oder winselt, werden nicht mehr als 8 Punkte vergeben.
Koeffizient: 2
Maximale Punktzahl: 20

■ *An der Leine in flottem Schritt vorwärts.*

2. Leinenführigkeit

Hörzeichen: »Fuß«

Ausführung: Der Hund soll an loser Leine an der linken Hand des Hundeführers willig und freudig folgen, mit dem Schulterblatt in Kniehöhe des Hundeführers dicht an dessen linker Seite bleiben und sich beim Anhalten ohne Einwirkung des Hundeführers schnell setzen. Der Hundeführer soll in der Bewegung seine Arme zwanglos bewegen und beim Anhalten die Grundstellung nicht verändern.

Zu Beginn der Übung hat der Hundeführer mit seinem Hund ohne anzuhalten 30 Schritte geradeaus und wieder zurück zu gehen. Danach ist folgende Arbeit auszuführen: Bei-Fuß-Gehen im normalen Schritt mit 2 Halten, 1 Kehrtwendung links, 1 Kehrtwendung rechts, 2 Linkswendungen und 2 Rechtswendungen.

Beim Angehen und bei jedem Richtungswechsel ist dem Hundeführer ein Hörzeichen gestattet.

Die Arbeit der Leinenführigkeit wird vom Wettkampfleiter oder vom Wettkampfrichter kommandiert.

Bewertung: Ein Hund, der während des größten Teils der Übung an der Leine zieht, erhält keine Punkte.

Koeffizient: 3

Maximale Punktzahl: 30

3. Freifolge

Hörzeichen: »Fuß«

Ausführung: Auf Anordnung des Wettkampfleiters wird der Hund in der Grund-

■ *Es folgt das Kommando »Sitz« und das Ableinen des Hundes.*

■ *Hier muß der Hund ohne Leine frei »bei Fuß« folgen.*

stellung abgeleint und soll nun eine Freifolge analog der Leinenführigkeit (Übung 2) ausführen. Der Hundeführer soll die Leine von links oben nach rechts unten umhängen oder sie in die Tasche stecken.

Bewertung: Ein Hund, der seinen Führer im Laufe der Übung »Freifolge« verläßt, erhält keine Punkte. Diese Entscheidung wird auch dann angewendet, wenn der Hund während des größten Teils der Übung mehr als einen Meter hinter, seitlich oder vor dem Hundeführer läuft.
Koeffizient: 3
Maximale Punktzahl: 30

4. Platz aus der Bewegung

Kommandos: »Fuß«, »Platz«, »Fuß«
Ausführung: Bei dieser Übung ist ein mit Kegeln markiertes Quadrat von 10 x 10 m zu umgehen. Der Hundeführer nimmt mit seinem Hund auf Anweisung des Wettkampfleiters die Grundstellung ein. Auf Anweisung des Wettkampfleiters geht der Hundeführer mit seinem Hund in die angegebene Richtung. Nach einem Richtungswechsel beim Kegel wird der Hund auf Kommando in die Position »Platz« gebracht, während der Hundeführer ohne seine Gangart zu unterbrechen oder sich umzudrehen um das Quadrat herumläuft, bis er wieder bei seinem Hund angelangt ist. Ohne anzuhalten wird der Hund mittels eines Kommandos bei Fuß mitgenommen. Nach einem weiteren Richtungswechsel beim Kegel wird die Übung auf ein Kommando des Wettkampfleiters in der Grundstellung beendet. Bei den Richtungswechseln mit dem Hund ist je ein Hörzeichen gestattet.

Bewertung: Der Hund muß innerhalb von drei Körperlängen die Position »Platz« eingenommen haben, sonst erhält er nicht mehr als 8 Punkte. Wenn der Hund die verlangte Position wechselt, nachdem er sie zu Beginn eingenommen hat, kann er nicht mehr als 7 Punkte erhalten. Wenn der Hund die verlangte Position nicht einnimmt, erhält er keine Punkte. Punkteabzug gibt es auch für eine unsaubere Freifolge.
Koeffizient: 3
Maximale Punktzahl: 30

5. Hinlegen aus der Bewegung mit Herankommen

Kommandos: »Platz«, »Hier«, »Fuß«
Ausführung: Auf Anweisung des Wettkampfleiters gehen Hundeführer und Hund geradeaus. Nach mindestens 10 Schritten hat sich der Hund auf ein Hörzeichen und/oder ein Sichtzeichen sofort hinzulegen, während der Hundeführer, ohne sich umzusehen, etwa 20 Schritte weitergeht, stehenbleibt und sich zu seinem Hund umdreht. Auf Anweisung des Wettkampfleiters ruft der Hundeführer seinen Hund heran. Freudig und in schneller Gangart hat sich der Hund seinem Hundeführer zu nähern und sich dicht vor ihn zu setzen. Mit einem weiteren Kommando wird der Hund in die Grundstellung genommen.

Bewertung: Wenn der Hund sich aufsetzt oder aufsteht, bevor der Hundeführer angehalten hat, kann er nicht mehr als 5 Punkte erhalten. Wenn sich der Hund aufsetzt oder aufsteht, nachdem der Hundeführer angehalten hat oder wenn der Hund seinem Hundeführer nach dem Kommando »Platz« mehr als drei Hundelängen nachläuft oder wenn er ein zweites Rückrufkommando benötigt, können nicht mehr als 8 Punkte vergeben werden. Ein Hund, der die Position »Platz« nicht einnimmt, erhält keine Punkte.

Koeffizient: 4
Maximale Punktzahl: 40

6. Freisprung über die Hürde

Kommandos: »Sprung«, »Zurück«, »Fuß«
Ausführung: Der Hundeführer befindet sich mit seinem Hund in angemessener Entfernung zur Hürde in der Ausgangsstellung. Auf Anweisung des Wettkampfleiters springt der Hund frei hin und zurück. Je ein Hörzeichen und/oder Sichtzeichen für den Hin- und Rücksprung sind gestattet. Nach dem Rücksprung hat der Hund sich dicht vor den Hundeführer zu setzen. Danach wird der Hund in die Grundstellung genommen. Die Hürde soll kompakt und die Sprunghöhe gleich der Schulterhöhe des Hundes sein. Auf Wunsch des Hundeführers kann die Hürde für Hunde mit über 45 cm Schulterhöhe auf maximal 70 cm erhöht werden.
Bewertung: Der Sprung muß in beide Richtungen ausgeführt werden, ein leichtes Berühren der Hürde mindert die Punktzahl. Ein Hund, der vorzeitig abspringt oder zwei Versuche braucht, kann keine Benotung über 7 Punkte erhalten. Ein Hund, der den Hin- oder Rücksprung bei zwei Versuchen verweigert, erhält keine Punkte.

Koeffizient: 3
Maximale Punktzahl: 30

7. Voransenden mit Hinlegen

Kommandos: »Voran«, »Platz«, »Sitz«
Ausführung: Aus der Grundstellung gehen Hundeführer und Hund geradeaus. Nach einigen Schritten wird der Hund mit einem Hörzeichen in Verbindung mit einem Sichtzeichen zu einer Markierung (z. B. Kegel) vorangeschickt. Der Hundeführer bleibt sofort stehen, während der Hund sich freudig und in rascher Gangart vom Hundeführer entfernen soll. Nach etwa 20 Schritten hat sich der Hund auf ein weiteres Hörzeichen in Verbindung mit einem Sichtzeichen sofort hinzulegen. Danach geht der Hundeführer zu seinem Hund und nimmt an dessen rechter Seite Aufstellung. Auf ein weiteres Hörzeichen nimmt der Hund die Grundstellung ein.
Bewertung: Eine leichte Abweichung des Hundes nach links oder rechts ist nicht fehlerhaft. Es ist hier gleichgültig, in welcher Richtung sich der Hund hinlegt. Ein Hund, der die geforderte Distanz nicht erreicht, erhält keine Punkte.

Koeffizient: 3
Maximale Punktzahl: 30

8. Bringen

Kommandos: »Bring«, »Aus«, »Fuß«
Ausführung: Der Hundeführer geht von seiner Grundstellung mindestens 20 Schritte geradeaus, während der Hund sitzend zurückbleibt. Der Hundeführer legt einen Gegenstand aus Holz ab und geht danach zu seinem Hund in die Grundstellung zurück. Auf ein Hörzeichen soll der Hund den Gegenstand freudig holen, sich dicht vor den Hundeführer setzen und warten, bis ihm dieser den Gegenstand abnimmt. Nach Abnahme des Gegenstandes soll der Hund auf ein

weiteres Hörzeichen in die Grundstellung gehen.

Bewertung: Knautschen oder Spielen mit dem Gegenstand sowie Fallenlassen bedeuten Punkteabzug, desgleichen wenn der Hundeführer seine Grundstellung verändert. Einmaliges Nachfassen des Gegenstandes ist nicht fehlerhaft. Ein Hund, der den Gegenstand nicht bringt, erhält keine Punkte.

Koeffizient: 3

Maximale Punktzahl: 30.

9. Eigenidentifizieren aus zwei Gegenständen

Kommandos: »Such«, »Bring«, »Aus«, »Fuß«

Ausführung: Zu Beginn der Übung 2 erhält der Hundeführer vom Wettkampfleiter einen Gegenstand, den er bis zur Übung »Eigenidentifizierung« bei sich trägt. Der Hundeführer kennzeichnet diesen Gegenstand mit seiner Startnummer. Zu Beginn der Übung Eigenidentifizierung übergibt der Hundeführer den Gegenstand dem Wettkampfleiter, der den Gegenstand, ohne ihn mit den Händen zu berühren, mit einem weiteren, neutralen, gleichen Gegenstand auslegt. Ausgelegte Gegenstände dürfen nicht ein weiteres Mal ausgelegt werden. Die Gegenstände werden auf einer Linie ausgelegt. Der Hundeführer und der Hund blicken beim Auslegen der Gegenstände in die entgegengesetzte Richtung. Hundeführer und Hund nehmen danach etwa 12 Schritte vor den Gegenständen Aufstellung. Der Hund wird mit einem Hörzeichen zu den Gegenständen geschickt. Nachdem der Hund den markierten Ge-

■ *Das Befolgen des Kommandos »Platz« ist für den Obedience-Hund nichts besonderes.*

■ *Schwieriger wird es schon, aus dem »Platz« das Kommando »Sitz« zu befolgen.*

genstand aufgenommen hat, soll er freudig zurückkommen, sich dicht vor den Hundeführer setzen und warten, bis ihm dieser den Gegenstand abgenommen hat. Nach Abnahme des Gegenstandes soll der Hund auf ein weiteres Hörzeichen in die Grundstellung genommen werden. Vor Beginn der Übung darf der Gegenstand dem Hund gezeigt werden. Der Hund hat für diese Übung 3 Minuten Zeit zur Verfügung. Die Gegenstände sind aus Holz mit einer Länge von etwa 8 bis 10 cm sowie einer Breite von etwa 2 bis 3 cm.
Bewertung: Nimmt der Hund den Gegenstand auf und geht damit seitwärts weg, darf ihn der Hundeführer zum Bringen auffordern. Wenn der Hund vor dem Kommando die Übung beginnt oder wenn er den Gegenstand fallenläßt oder mit ihm spielt, können nicht mehr als

8 Punkte vergeben werden. Ein Hund, der den falschen oder keinen Gegenstand apportiert, erhält keine Punkte.
Koeffizient: 4
Maximale Punktzahl: 40

10. Kontrolle auf Distanz
Kommandos: »Sitz«, »Platz«
Ausführung: Auf Anordnung des Wettkampfleiters wird der Hund hinter einer imaginären Linie, bestehend aus zwei Markierungen, abgelegt. Anschließend entfernt sich der Hundeführer ungefähr 20 Schritte vom Hund und nimmt Front gegen ihn. Der Wettkampfleiter stellt sich hinter den Hund und zeigt dem Hundeführer mittels Zeichen an, wann der Hund die Position »Sitz« und wann er wieder die Position »Platz« einzunehmen hat. Der Hund verändert zweimal seine Positi-

on. Während der Arbeit darf sich der Hund nicht dem Hundeführer nähern. Der Hundeführer kommandiert seinen Hund mit Hörzeichen und/oder Sichtzeichen, sich zu setzen und sich zu legen. **Bewertung:** Ein Hund, der nicht mindestens einmal seine Position ändert oder mit den Hinterläufen die imaginäre Linie übertritt, erhält keine Punkte. Diese Entscheidung wird auch dann angewendet, wenn der Hund sich um eine Körperlänge seitlich oder nach hinten verschiebt.
Koeffizient: 4
Maximale Punktzahl: 40

Die verschiedenen Klassen im Obedience

Klasse 1 und 2 sind nationale Klassen, wobei jedes Land seine eigene Prüfungsordnung hat. Die Klasse 3 ist die Internationale Obedience Klasse, in welcher die Schwierigkeit der Ausführungen nochmals heraufgesetzt wird.

Während in Klasse 2 – abweichend von Klasse 1 – Aufgabe 4 **Sitzen und Platz aus der Bewegung** mit den Kommandos »Fuß«, »Sitz«, »Fuß«, »Platz«, »Fuß« gefordert wird, heißt es in der Klasse 3 **Stehen und Sitzen aus der Bewegung** mit den Kommandos »Fuß«, »Steh«, »Fuß«, »Sitz«, »Fuß«, »Platz«, »Fuß«. Die Eigenidentifizierung erfolgt in Klasse 3 aus sechs Gegenständen gegenüber vier in der Klasse 2 und zwei in der Klasse 1. Ein in der Klasse 1 startender Hund muß am Tag des Wettkampfes 12 Monate alt sein, in der Klasse 2 bereits 14 Monate und in der Klasse 3 mindestens 15 Monate.

Bewertung

Jede Übung wird von der Maximalnote 10 aus bewertet. Der Hund erhält die Punkte nach folgender Skala:

0	5	5,5	6	6,5	7
7,5	8	8,5	9	9,5	10

Der Obedience-Richter hat seine erteilte Punktzahl nach jeder einzelnen Übung mittels Anzeigetafel auch für das Publikum gut sichtbar zu zeigen.

Beispiel

Übung »Freifolge«, Klassen 1, 2 und 3. Punkte: 10; Koeffizient: 3; Maximale Punktzahl: 30. Nach fehlerhafter Übung werden vom Richter 1,4 Punkte abgezogen. Somit gibt es für diese Übung 8,5 Punkte. Der Schwierigkeitskoeffizient beträgt 3. Daher werden die erreichten 8,5 Punkte mit 3 multipliziert und die Übung mit insgesamt 25,5 Punkten bewertet.

Auswertung

Klasse 1, Klasse 2 und Klasse 3 (Internationale Obedience-Klasse):
Die maximale Punktzahl beträgt 320 Punkte. Die Reihung wird nach Punkten erstellt:

- 1. Preis oder »vorzüglich« von 255 bis 320 Punkten
- 2. Preis oder »sehr gut« von 224 bis 254,5 Punkten
- 3. Preis oder »gut« von 192 bis 223,5 Punkten.

Nach dem Erreichen des ersten »vorzüglich« darf in der nächsthöheren Klasse gestartet werden. Nach dem Erreichen des dritten »vorzüglich« muß im folgenden Jahr in der nächsthöheren Klasse gestartet werden. Zurückstufen ist nicht gestattet.

Generelles zur Wettkampfordnung

Wenn die Wettkampfordnung nichts anderes vorschreibt, beginnt und endet die Übung in der Grundstellung. In der Grundstellung sitzt der Hund ruhig an der linken Seite des Hundeführers und die Schulter des Hundes ist auf Kniehöhe des Hundeführers. Die verlangte Leistung ist vom Hund auf einmaliges Hörzeichen des Hundeführers exakt auszuführen. Die bei den einzelnen Übungen angegebenen Hörzeichen sind unverbindlich. Andere Hörzeichen dürfen verwendet werden, wenn sie ebenfalls nur aus einem Wort bestehen.

Der Name des Hundes darf in den Klassen 1 und 2 vor die Hörzeichen gesetzt werden. In der Klasse 3 ist dies nicht gestattet und wird mit Abzug als Doppelkommando gewertet. Alle Übungen werden vom Wettkampfrichter oder vom Wettkampfleiter kommandiert.

Auf dem Weg zwischen den Übungen soll eine einwandfreie Freifolge gezeigt werden. Diesbezügliche Mängel kann der Obedience-Richter in den einzelnen Übungen berücksichtigen. Der Hundeführer darf seinen Hund vor und während der Übungen nicht loben. Ein kurzes Loben nach der jeweiligen Übung ist gestattet. Nach dem Loben ist eine neue Grundstellung einzunehmen.

Der Hund darf nur mit einem lockeren, nicht auf »Zug« eingestellten Halsband geführt werden. Das Tragen von Stachelhalsbändern ist untersagt. Für die Übung »Bringen« wird für kleinere Hunde ein passender Gegenstand verwendet.

Das An- und Abtreten zu den Übungen 1 und 2 sowie das Abtreten nach der Übung 10 erfolgt mit angeleintem Hund. Gleiches gilt in den Klassen 1 und 2 für die Übung 3. Bei den restlichen Übungen führt der Hundeführer die Leine über die linke Schulter und schließt sie auf seiner rechten Seite, oder er versorgt sie in der Tasche.

Leistungstitel

Endziel für jeden Obedience-Sportler ist sicher der Titel »Internationaler Obedience-Champion«. Um diesen Titel zu erreichen, muß der Hund zwei CACIOB in zwei verschiedenen Ländern bei zwei verschiedenen Richtern erlangen. Das CACIOB wird nur in der höchsten Obedience-Klasse vergeben und ist an die Note »vorzüglich« gebunden. Auf nationaler Ebene kommen Titel wie »Meister/in Obedience« und »Obedience Sieger« zur Vergabe.

Flyball – Spaß für Ballspieler

Wenn man einen Ball hochwirft, wird ihn fast jeder Hund freudig fangen, und der Besitzer muß sich bei diesem Spiel nicht sonderlich anstrengen. Körperlicher Einsatz wird auch bei dem aus den USA kommenden sportlichen Flyball vom Hundehalter nicht gefordert – sehr wohl aber vom Hund! Bevor jedoch der Ball in die Luft fliegt, muß der Hund verschiedene Aufgaben erfüllen. Der Ball fliegt nur aus dem Kasten, wenn der Vierbeiner mit der Pfote eine Taste betätigt, die die Funktion hat, nach dem Pfotendruck den Ball herauszuschleudern. Das ist sicher leichter gesagt als getan, doch gelernt haben es schließlich alle spielfreudigen Hunde.

Das Auslösen des Mechanismus, welcher die Ballmaschine in Gang setzt und den Ball herausbefördert, muß dem Hund gezeigt werden. Manch einer kapiert die Sache schnell, bei anderen dauert es – wie überall in der Ausbildung – etwas länger. Etwas ruhiger veranlagte Typen sind in der Regel schneller am Ziel als diejenigen, die vor lauter Aufregung über den fliegenden Ball vergessen, was zu tun ist. Es soll auch Hunde geben, die gerne

Bälle fangen – das macht jedem Hund Spaß! Zum Flyball gehört allerdings noch etwas mehr Geschicklichkeit.

> Wenn Ihr Hund gerne Bälle fängt, wird ihm die Flyball-Maschine bestimmt Spaß machen!

den Ballauslöser in Betrieb setzen, aber nicht geneigt sind, den fliegenden Ball zu fangen. Besser funktioniert das, wenn ein zweiter ballbegeisterter Hund »vorspielt«.

Ballmaschinen sind oft auf Hundeplätzen zu finden, die auch Agility-Sport anbieten. Mit etwas Geschick läßt sich solch ein Gerät aber auch selbst anfertigen. Es muß nur absolut sicher funktionieren, denn ein Tastendruck ohne fliegenden Ball wirkt demotivierend auf den Hund.

Der Wettkampf

Nicht zuletzt wegen des Publikumsinteresses an diesem actionreichen Tun wurde Flyball zur Wettkampfdisziplin gestaltet: Aus zwei Teams starten jeweils vier Hunde; nach drei Durchgängen kommt das Team mit der schnellsten Zeit in die nächste Runde.

Damit nun alles ein wenig erschwert und auch spannender wird, rennen die Hunde nicht einfach so auf die Ballma-

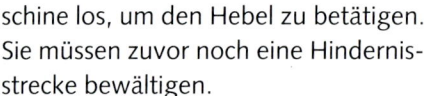

■Nach dem erfolgreichen Flyball-Spiel hat sich dieser Golden Retriever …

■… liebevolles Lob verdient, denn so ein Spiel ist ganz schön anstrengend.

schine los, um den Hebel zu betätigen. Sie müssen zuvor noch eine Hindernisstrecke bewältigen.

Für die beiden Teams ist ein je 1 m breiter Parcours aufgebaut, wobei hinter der Start- bzw. Ziellinie ein etwa 6 m langer Freiraum liegen muß. 2 m nach der Startlinie befindet sich die erste der 60 cm breiten Hürden, weitere vier folgen in Abständen von 3 m. Nach Bewältigen dieser Hürden erreicht der Hund schließlich 5 m nach dem letzten Sprung die alles versprechende Ballbox. Dort drückt der Hund die Taste, und der Ball wird herausgeschleudert. Mit dem gefangenen Ball läuft der Hund wieder über die Hürden zurück zur Start-/bzw. Ziellinie, um dort den Ball seinem Besitzer zu übergeben.

Da an diesem Spaß sowohl große als auch kleine Hunde teilhaben können, sind die Hürden selbstverständlich verschieden hoch einstellbar. Als Richtmaß gilt: mindestens 20 cm und höchstens 40 cm Höhe.

■Beim Flyball muß der Hund herausfinden, daß der Ball als Folge des Pfotendrucks auf die Taste aus der Ballmaschine geschleudert wird.

■ Ballspiele mit dem Hund sind die beste Voraussetzung dafür, daß der Vierbeiner am Flyball Gefallen findet.

Frisbee – Spaß für Springfreudige

Die Frisbee-Scheibe eignet sich besonders gut als abwechslungsreiche Beschäftigung des Hundes während des Strandurlaubs. Voraussetzung ist, daß es sich um einen apportierfreudigen Hund handelt. Selbstverständlich muß der Vierbeiner kerngesund sein, und er darf keinen Makel an den Extremitäten aufweisen.

Wenngleich es den meisten Hunden großen Spaß bereitet, nach der Frisbee-Scheibe zu springen, sollte diese Übung wirklich nur als gelegentliche Freizeitübung gehandhabt werden. Auch die »Landung« des Hundes sollte möglichst nur auf weichem Boden erfolgen. Durch die starke körperliche Belastung kann der Hund bei Übertreibung dieser Sportart schwere bleibende Schäden – bis hin zum Kreuzbandriß – erleiden.

Stoffbezogene, spezielle Frisbee-Scheiben schützen den Hund vor Verletzungen der Schleimhäute.

Für das Spiel mit dem Hund werden spezielle Hunde-Frisbee-Scheiben benutzt, die absplitterungssicher sind. Normale Kinder-Frisbee-Scheiben sind ungeeignet, sie können zu bösen Verletzungen der Schleimhäute im Hundemaul führen.

Wer seinen Hund nicht steil in die Höhe springen lassen möchte, kann die Scheibe auch in weitem Bogen werfen und sie dann apportieren lassen. So spektakulär dieser Sport auch sein mag – einige neuerdings ausgetragene Frisbee-Wettbewerbe, anläßlich derer der Hund noch auf die Schulter des Menschen gehoben wird, um zum Erreichen der Scheibe noch höher springen zu können, machen das Frisbee zu einem für die Gesundheit des Hundes fragwürdigen Vergnügen. Wer jedoch darauf achtet, daß der Hund sein Skelettsystem nicht durch zu hohe Sprünge belastet, kann zusammen mit seinem Hund sicher Freude an dieser Sportart haben.

Das Spiel mit der Frisbee-Scheibe ist etwas für Hunde, die gern hochspringen.

Fährtensuche

Die Natur hat den Hund mit einem außerordentlich guten Riechorgan ausgestattet. Für die Ahnen des domestizierten Hundes war das lebensnotwendig, um Nahrung zu suchen und verstecktes Wild aufzustöbern. Obwohl der Hund heutzutage seine Nahrung nicht mehr selbst suchen muß, ist die gute Funktion seiner Nase, die das am besten entwickelte Sinnesorgan des Hundes ist, voll erhalten geblieben. Deshalb ist eigentlich jeder Hund imstande, eine einfache Fährte auszuarbeiten.

> Fast jeder Hund ist imstande, einer einfachen Fährte zu folgen.

Der Such- und Beutetrieb beim jungen Hund ist leicht zu fördern, indem sich der Hundebesitzer hinter einem Baum versteckt und den Hund nach ihm suchen läßt. Das ist eine gute Vorarbeit für das spätere Fährtensuchen, nur daß dann als »Beute« beispielsweise ein Stöckchen, ein Stück Stoff oder ähnliches fungiert.

■ *Dank seiner hervorragenden Nase kann jeder Hund eine einfache Fährte ausarbeiten.*

■ Anfangsübungen

Bei der Suche nach dem Hundebesitzer muß eine Hilfsperson mit herangezogen werden. Diese hält den Hund so an der Führleine, daß er nicht sehen kann, in welche Richtung sich sein Besitzer entfernt. Das Versteck wird in einer Entfernung von etwa 100 Schritten gewählt. Der Helfer begibt sich dann an die Abgangsstelle und läßt den Hund mit dem Kommando »Such« an der kurzen Leine, die den abzusuchenden Bereich in Grenzen hält, die Suche aufnehmen. Sobald dieser die Nähe des Verstecks erreicht hat, macht sich der Hundebesitzer bemerkbar und lobt den Hund.

Anfänglich wird die Anhänglichkeit zum Hundehalter auf den Hund suchmotivierend wirken. Die Übung muß so lange wiederholt werden, bis der Hund schließlich von sich aus mit tiefer Nase den Boden nach Trittspuren absucht. Erst dann kommt der eigentliche Suchtrieb zum Tragen.

■ Nächster Schritt

Bis jetzt wurde der Drang des Hundes zu seinem Besitzer genutzt. Nun gilt es aber, diesen auf ein Beuteobjekt und weg vom

Besitzer zu lenken. Durch Hin- und Herschwenken vor dem Hund wird ihm die vermeintliche Beute interessant gemacht. Die auszulegenden Gegenstände dürfen nicht so groß sein, daß sie der Hund mit den Augen ausmachen kann. Er soll ja daran gewöhnt werden, seine Nase einzusetzen. Anfangs eignen sich natürlich alle Gegenstände, die einen Bezug zum Besitzer haben und seinen Geruch tragen wie ein Handschuh, ein Strumpf oder die Brieftasche. Aber auch bekannte Gegenstände wie Ball, Hantel usw. können Verwendung finden.

Der Hundehalter entfernt sich von dem angebundenen Hund in gerader Richtung, wobei die Entfernung erst allmählich zu steigern ist. Er legt das Beutestück ab und kehrt unverzüglich zum Hund zurück. An der Führleine läßt er diesen die Spur aufnehmen. Wichtiger als exakte Spurtreue ist in dieser Anfangsphase das Erhalten des Beutedrangs, der so stark

sein muß, daß sich der Hund problemlos von seinem Besitzer entfernt. Nach dem Auffinden des Gegenstandes wird der Hund natürlich gelobt.

Um den Fährtendrang des Hundes zu verstärken und ihn auf die bevorstehende Sucharbeit einzustimmen, soll er anfangs angebunden zusehen, wie sein Führer die Fährte legt. Den Fährtenverlauf vermag sich der Hund durch das Zuschauen freilich nicht einzuprägen, was ja auch nicht beabsichtigt ist.

Gesteigerte Anforderungen

Nach dem Üben der »Einfachfährten« kann zum nächsten Schritt übergeleitet werden. Durch Abtreten einer 50 x 50 cm großen Fläche wird ein Fährtenansatz (Abgang) geschaffen, den man mit einem Fähnchen markiert. Der Abgang soll durch mehrmaliges Hin- und Hertreten des Fährtenlegers gesichert sein. Auf einer Strecke von zunächst ca. 500 m werden zwei rechte Winkel beschrieben; später geht man 1 500 bis 2 000 m mit zahlreichen Winkeln. Der Hundeführer kann sich den Verlauf der Fährte – insbesondere die Lage der Winkel – einprägen, indem er sich besondere Pflanzen oder kleinste Steinchen als Markierungspunkte merkt.

Am Anfang darf der Hund sofort nach dem Auslegen der Fährte mit der Suche beginnen. Mit fortschreitender Routine lernt er dann auch eine länger liegende Fährte auszuarbeiten; wenn alle Begleitumstände günstig sind, kann ein erfahrener Fährtenhund eine Fährte von 48 Stunden ausarbeiten!

Es empfiehlt sich, vor der Fährtensuche immer die gleichen Gewohnheiten einzu-

halten, damit der Hund schon weiß, was ihm bevorsteht. Nach einiger Zeit reicht schon das Anlegen des **Suchgeschirrs**, das ausschließlich während der Fährtenarbeit zu tragen ist, um dem Hund klarzumachen, daß die Fährtensuche beginnt. Um dem Hund das Aufnehmen der Fährte nicht allzu leicht zu machen, soll er nicht in der Richtung der Fährte an die Abgangsstelle herangeführt werden, sondern immer im rechten Winkel von rechts oder links zur Fährte. Allmählich können beim Legen der Fährte immer mehr Schwierigkeiten eingebaut werden. So sollten beispielsweise die Winkel nicht in einer Richtung liegen. Meistens werden die Winkel nach rechts angelegt, was zu vermeiden ist. Auch das Parallelisieren einer Fährte zu einer Ackerfurche ist nicht sinnvoll, denn es verleitet den Hund zum

 *Die Fährtenleine soll beim Ansetzen des Hundes auf die Fährte ganz auslaufen.*

Geradeauslaufen, was aber zur Folge haben kann, daß er sich zu wenig mit der Spur beschäftigt und Richtungsänderungen zu spät bemerkt. Ein Anschneiden und Kreuzen solcher natürlicher Linien zwingt den Hund zur aufmerksamen Verfolgung der Fährte.

Beim Ansetzen des Hundes auf die Fährte soll man die ganze Fährtenleine auslaufen lassen. Das bewirkt, daß sich der Hund von dem ihm folgenden Besitzer löst. Der Hundeführer läßt den Hund nach dem Kommando »Such« die Fährte aufnehmen, ohne irgendwelchen Einfluß auszuüben. Nur wenn dem Hund der Kontakt zur Fährte völlig verlorengeht, darf er ihn berichtigen. Bei einigen Schritten seitlichen Abweichens von der Spur bedarf es keiner Korrektur, vor allem dann nicht, wenn die Abweichung infolge der gegebenen Windverhältnisse geschieht.

> Nach und nach legt man immer schwierigere Fährten aus.

Geht der Wind in Richtung des Schenkels zum Winkel, kann der Hund ein ganzes Stück den Winkel überlaufen. Der Hundeführer muß dann in Höhe des Winkels anhalten und an kurzer Leine den Hund kreisend den neuen Schenkel nach dem Winkel finden lassen. Erst dann darf er die Spur weiterverfolgen.

Ein umgekehrtes Verhalten des Hundes ist dann möglich, wenn der Wind von vorne kommt und beide Schenkel anschneidet. Dann kann es vorkommen, daß der Hund bereits einige Meter vor dem Winkel die Witterung des neuen Schenkels aufnimmt. Solche windrich-

tungsbedingten geringfügigen Abweichungen sind als ganz normal anzusehen und dürfen nicht etwa als vom Hund verursacht interpretiert werden.

Fremdfährte

Während der Hundeführer bei der vorausgegangenen Fährtenarbeit die Möglichkeit hatte, den Hund bei Unsicherheit helfend auf die richtige Fährte zu weisen, ist dies bei der sogenannten Fremdfährte, bei der eben ein Fremder die Fährte legte, nicht mehr möglich. Hier kennt der Hundeführer weder Anfang noch Ende der Fährte, und er muß sich voll und ganz auf die Suchfähigkeit seines Hundes verlassen.

Um den Hund anfangs nicht auf einem zu großen Gebiet suchen zu lassen, bedient man sich der kurzen 5-Meter-Leine. Bei Fährtenhundprüfungen hingegen ist die 10-Meter-Leine vorgeschrieben. Die Schwierigkeiten der Fremdfährte bestehen in der Anordnung der Winkel. Das Überlaufen eines Winkels während der Übungen ist nicht weiter tragisch; schwieriger wird eher das Auffinden des neuen Schenkels, der nach dem Witterungsabriß und sofortigem Anhalten des Hundes ohne weiträumiges Kreisen beim zweiten Versuch gefunden sein muß.

Legen der Fährte

Für den Beginn des Fährtens ist es wichtig, dem Hund optimale Arbeitsbedingungen zu schaffen. Aus der Tatsache, daß der hinterlassene Geruchskomplex des Fährtenlegers, die Gerüche des verletzten Bodens und des beschädigten Bodenbewuchses den Fährtengeruch ausmachen, wird ersichtlich, daß ein befestigter Untergrund, beispielsweise eine Straße, weniger geeignet ist als Wiesen, Waldwege und Felder. Wahrscheinlich lassen hier die Schuheindrücke im weichen Boden die Duftstoffteilchen länger und besser haften, was besonders bei hohem Pflanzenbewuchs der Fall ist.

Viel begangene Wege sollten deshalb am Anfang gemieden werden wegen der auf den Hund einwirkenden Irritationen. Aber auch die Witterungsbedingungen sind für das Entstehen einer Fährte und deren Haltbarkeit bedeutsam. Günstige Bedingungen sind gegeben bei feuchter Witterung und Schnee. Starker Regen hingegen kann eine Geruchsspur innerhalb kurzer Zeit vernichten.

■ *Das Finden des Gegenstandes bedeutet für den Hund gleichzeitig Belohnung.*

Literaturverzeichnis

Bücher

Baumann, D.: Beliebte Hunde. Verlag Eugen
  Ulmer, Stuttgart, 3. verbesserte Auflage,
  1997.
Baumann, D.: Der junge Hund. Verlag Eugen
  Ulmer, Stuttgart, 3. verbesserte Auflage,
  1996.
Baumann, D.: Hunde erziehen, Verlag Eugen
  Ulmer, Stuttgart, 2. verbesserte Auflage,
  1995.
Engel, A.: Agility. Verlag Paul Haupt, Bern
  und Stuttgart, 1990.
Narewski, U.: Welpen brauchen Prägungs-
  spieltage. Verlagshaus Oertel + Spörer,
  Reutlingen, 1996.
Steiner, A.: Agility. Müller Rüschlikon Ver-
  lags AG, Cham, 1992.
Weidt, H., Berlowitz, D.: Spielend vom Wel-
  pen zum Hund. Naturbuchverlag Augs-
  burg, 1996.

Zeitschriften

MEIN HUND, Agility für Einsteiger, Sym-
  posion Verlags GmbH, Postfach 1040,
  65836 Sulzbach/Ts. Ausgabe 9/96 und
  folgende.
Hundewelt Special »Agility is fun«,
  Minerva-Verlag GmbH, Postfach 100625,
  41706 Viersen.

Anschriften

Bei den genannten Verbänden gibt es Infor-
mationsmaterial zum Hundesport.

Verband für das Deutsche Hundewesen e. V.
  (VDH), Westfalendamm 174, 44141
  Dortmund, Tel.: 02 31 / 56 50 00

Österreichischer Kynologenverband (ÖKV),
  Johann-Teufel-Gasse 8
  A-1238 Wien, Tel.: 02 22 / 8 88 70 92

Schweizerische Kynologische Gesellschaft
  (SKG), Postfach 8217,
  CH-3001 Bern, Tel.: 0 31 / 3 01 58 19

Deutscher Hundesportverband e. V. (dhv),
  Postfach 6006,
  44517 Lünen, Tel.: 02 31 / 8 79 49
  (zuständig für alle Sportarten)

Bildquellen

Baumann, D., Bad Urach: Abb. Seite 3, 8,
  11 (2), 12, 13, 14, 15, 23 (3), 31, 32,
  33 (2), 35 unten, 39, 40 (3), 41, 42, 43,
  45, 48, 51 unten links, 52 (2), 53, 54, 57,
  60, 62, 70, 78, 79, 80, 83 (2), 85, 88, 90,
  99, 100, 102, 104 (2), 105, 106, 107,
  112, 119, 121 (2), 122 (2), 123 (2), 124,
  126, 127 (2), 130, 131, 136 (2), 137,
  140, 142, 143, 145
Kothe, D., Stuttgart: Abb. Seite 17, 18, 20,
  38, 46, 50, 51 oben links und oben
  rechts, 64, 69 (2), 72 (3), 74 (2), 75,
  77 (3), 82, 110, 114, 115, 116, 138
Kuhn, R., Stuttgart: Abb. Seite 24, 26 (2),
  27, 29, 35 oben, 134

Die Zeichnungen wurden von G. Baumann,
Bad Urach, angefertigt und von Artur
Piestricow, Stuttgart, überarbeitet.

Wenn Sie mehr wissen wollen ...

Hundekinder aufziehen. *Ein praktischer Ratgeber für das erste Lebensjahr. Mark Evans. 128 Seiten,125 Farbf. , 20 Farbgrafiken. Kt. ISBN 3-8001-7372-7.* Das erste Lebensjahr ist der wichtigste Abschnitt im Leben eines Hundes. Dieses Buch bietet Informationen, Ratschläge und Anleitungen zu den verschiedensten Themenbereichen. Es vermittelt neue faszinierende Eindrücke über das Leben der Hunde. Zum Thema Gesundheit erfährt der Leser hier alles Wissenswerte über die Auswahl des Tierarztes, die Fell- und Zahnpflege sowie die verschiedenen notwendigen Impfungen. **Aus dem Inhalt:** Woher stammt der Hund? Gedanken vor dem Kauf. Der Welpe im neuen Zuhause. Gesundheit und Vorsorge.

Katzenkinder aufziehen. *Ein praktischer Ratgeber für das erste Lebensjahr. Mark Evans. 128 Seiten, 125 Farbf., 20 Farbgrafiken. Kt. ISBN 3-8001-7373-5.* Dieses Buch ist ein Ratgeber zu allen wichtigen Themenbereichen, mit denen sich alle Katzenbesitzer vor und nach Ankunft ihres vierbeinigen Gefährten auseinander setzen sollten. Es enthält eine Mischung aus Informationen und persönlichen Ansichten, die der Autor über Jahre hinweg durch das Zusammenleben mit den verschiedensten Katzen gesammelt hat. **Aus dem Inhalt:** Woher stammt die Katze? Vorbereitungen in Heim und Familie. Ankunft des neuen Mitbewohners. Gesundheit und Hygiene.

... sind dies die richtigen Bücher

Nordische Hunde. *Nordische Jagdhunde, Japanische Spitze, Nordische Hüterassen und Schlittenhunde. D. Baumann. 2., überarb. Auflage. 206 S., 40 Farb- und 9 sw-Fotos, 10 Zeichn. Kt. ISBN 3-8001-7234-8.*
Die Nordischen Hunde und der Schlittenhundsport haben inzwischen auch bei uns ein ungeahntes Interesse gefunden. Doris Baumann faßt die Erkenntnisse langjähriger Erfahrung zusammen, beschreibt ausführlich die einzelnen Rassen und geht vor allem auf ihren Einsatz beim Schlittenhundrennsport, bei der Jagd und als Hütehunde ein. So ist dieses Buch nicht nur für die Liebhaber der „Nordischen", sondern für jeden Hundefreund eine Fundgrube.

Hunde. *112 Rassen und ihre Haltung. D. Baumann. 2., verb. Auflage. 160 S., 113 Farbf., 38 Zeichn., 15 Tab. Pp. ISBN 3-8001-7337-9.*
Diese Zusammenstellung von 110 Hunderassen bietet eine zuverlässige Orientierung und sichere Vergleichsmöglichkeit insbesondere bei der Auswahl und Anschaffung eines Hundes. Dazu werden typische Merkmale, Wesensart sowie die Verwendungsmöglichkeiten der einzelnen Rassen beschrieben, die das Aussehen der Hunde entscheidend geprägt haben. Weiter gibt dieser Band Antwort auf alle Fragen zur Haltung und Pflege, zur Unterbringung und Fütterung bis hin zum Trimmen und Scheren bestimmter Rassen.